Diese Ausgabe der »Suhrkamp BasisBibliothek – Arbeitstexte für Schule und Studium« bietet nicht nur Bertolt Brechts *Der Aufstieg des Arturo Ui* inklusive der Varianten, sondern auch einen Kommentar, der alle für das Verständnis des Buches erforderlichen Informationen enthält: eine Zeittafel, die Entstehungs- und Rezeptionsgeschichte, einen Forschungsüberblick, Literaturhinweise sowie detaillierte Wort- und Sacherläuterungen. Der Kommentar ist entsprechend den neuen Rechtschreibregeln verfasst.

Zu ausgesuchten Titeln der Suhrkamp BasisBibliothek erscheinen im Cornelsen Verlag Hörbücher und CD-ROMs. Weitere Informationen erhalten Sie unter www.cornelsen.de.

Annabelle Köhler, geboren 1978, ist Regieassistentin (Musiktheater) am Badischen Staatstheater Karlsruhe.

Bertolt Brecht
Der Aufstieg des Arturo Ui

Mit einem Kommentar
von Annabelle Köhler

Suhrkamp

Der vorliegende Text folgt der Ausgabe: Bertolt Brecht, *Werke. Große kommentierte Berliner und Frankfurter Ausgabe*, hg. v. Werner Hecht, Jan Knopf, Werner Mittenzwei und Klaus-Detlef Müller. Band 7: *Stücke 7*. Bearbeitet von Michael Voges. Berlin und Weimar/Frankfurt/M. 1991, S. 7–115.

Textgrundlage des vorliegenden Bandes ist das Typoskript aus den Jahren 1954–1956, das letzte Korrekturen des Autors aufweist. Weiterführende Informationen hierzu finden sich im Abschnitt ›Entstehungs- und Textgeschichte‹.

Originalausgabe
Suhrkamp BasisBibliothek 55
Erste Auflage 2004

Satz: pagina GmbH, Tübingen
Druck: Ebner & Spiegel, Ulm
Umschlaggestaltung: Hermann Michels und Regina Göllner
Printed in Germany

ISBN 3-518-18855-0

1 2 3 4 5 6 – 09 08 07 06 05 04

Inhalt

Der Aufstieg des Arturo Ui

Mitarbeiterin: Margarete Steffin

[Hinweis für die Aufführung]
Das Stück muß, damit die Vorgänge jene Bedeutung erhalten, die ihnen leider zukommt, im ⌜großen Stil⌝ aufgeführt werden; am besten mit deutlichen Reminiszenzen* an das ⌜elisabethanische Historientheater⌝, also etwa mit Vorhängen und Podesten. Z. B. kann es vor gekalkten Rupfenvorhängen*, die ochsenblutfarben bespritzt sind, agiert werden. Auch können gelegentlich panoramamäßig bemalte Prospekte* benutzt werden, und Orgel-, Trompeten- und Trommeleffekte sind ebenfalls zulässig. Es sollten Masken, Tonfälle und Gesten der Vorbilder verwendet werden, jedoch ist reine ⌜Travestie⌝ zu vermeiden, und das Komische darf nicht ohne Grausiges sein. Nötig ist plastische Darstellung in schnellstem Tempo, mit übersichtlichen Gruppenbildern im Geschmack der ⌜Jahrmarktshistorien⌝.

(lat.) Hier: Anklängen

Rupfen: grobes Jutegewebe

(lat.) Gemalter Bühnenhintergrund, -himmel

Personen
Flake, Caruther, Butcher, Mulberry, Clark – Geschäftsleute, Führer des Karfioltrusts · Sheet, Reedereibesitzer · Der alte Dogsborough · Der junge Dogsborough · Arturo Ui, Gangsterchef · Ernesto Roma, sein Leutnant; Manuele Giri; Giuseppe Givola, Blumenhändler – Gangster · Ted Ragg, Reporter des »Star« · Greenwool, Gangster und Bariton · Dockdaisy · Bowl, Kassierer bei Sheet · Goodwill und Gaffles, zwei Herren von der Stadtverwaltung · O'Casey, Untersuchungsbeauftragter · Ein Schauspieler · Hook, Grünzeughändler · Der Angeklagte Fish · Der Verteidiger · Der Richter · Der Arzt · Der Ankläger · Eine Frau · Der junge Inna, Romas Vertrauter · Ein kleiner Mann · Ignatius Dullfeet · Betty Dullfeet, seine Frau · Dogsboroughs Diener · Leibwächter · Gunleute · Grünzeughändler von Chikago und Cicero · Zeitungsreporter

Verehrtes Publikum, wir bringen heute
– bitte, etwas mehr Unruhe dort hinten, Leute!
Und nehmen Sie den Hut ab, junge Frau! –
5   Die große historische Gangsterschau.
Enthaltend zum allerersten Mal
DIE WAHRHEIT ÜBER DEN DOCKSHILFESKANDAL!
Ferner bringen wir Ihnen zur Kenntnis
DES ALTEN DOGSBOROUGH TESTAMENT UND
10   GESTÄNDNIS!
DEN AUFHALTSAMEN AUFSTIEG DES ARTURO UI
                    WÄHREND DER BAISSE!
SENSATIONEN IM BERÜCHTIGTEN
                    SPEICHERBRANDPROZESS!
15   DEN DULLFEETMORD! DIE JUSTIZ IM KOMA!
GANGSTER UNTER SICH: ABSCHLACHTUNG DES ERNESTO
                    ROMA!

Zum Schluß das illuminierte Schlußtableau*:
GANGSTER EROBERN DIE VORSTADT CICERO*!
20   Sie sehen hier, von unsern Künstlern dargestellt
Die berühmtesten Heroen* unsrer Gangsterwelt
Alle die verflossenen
Gehängten, erschossenen
Vorbilder unsrer Jugendlichen
25   Ramponiert*, aber noch nicht verblichen.
Geehrtes Publikum, der Direktion ist bekannt
Es gibt den oder jenen heiklen* Gegenstand
An den ein gewisser zahlender Teil des geehrten
Publikums nicht wünscht erinnert zu werden.
30   Deshalb fiel unsre Wahl am End
Auf eine Geschichte, die man hier kaum kennt
Spielend in einer weit entfernten Stadt
Wie es sie dergleichen hier nie gegeben hat.

Beleuchtetes,
effektvolles
Schlussbild
eines Schau-
spiels

Vorort
Chicagos

Helden
(urspr. Helden
der griech.
Sagenwelt)

(ugs.) Stark
beschädigt

Hier: kompli-
zierten,
gefährlichen

So sind Sie sicher, daß kein Vater
Oder Schwager im Theater
Hier bei uns in Fleisch und Blut
Etwas nicht ganz Feines tut.
Legen Sie sich ruhig zurück, junge Frau   5
Und genießen Sie unsre Gangsterschau!

I

*City. Auftreten fünf Geschäftsleute, die Führer des Karfiol-
trusts.*

FLAKE   10

Verdammte Zeiten!

CLARK

                        's ist, als ob Chikago
Das gute alte Mädchen, auf dem Weg
Zum morgendlichen Milchkauf, in der Tasche   15
Ein Loch entdeckt hätt und im Rinnstein jetzt
Nach ihren Cents sucht.

CARUTHER

                        Letzten Donnerstag
Lud mich Ted Moon mit einigen achtzig andern   20
Zum Taubenessen auf den Montag. Kämen
Wir wirklich, fänden wir bei ihm vielleicht
Nur noch den Auktionator*. Dieser Wechsel
Vom Überfluß zur Armut kommt heut schneller
Als mancher zum Erbleichen* braucht. Noch   25
                                    schwimmen
Die Grünzeugflotten der fünf Seen* wie ehdem
Auf diese Stadt zu und schon ist kein Käufer
Mehr aufzutreiben.

Hier: Versteigerer, der nach einer Pleite eine Zwangs-versteigerung durchführt

Euphemistisch für: sterben

Oberer See, Michigan-, Huron-, Ontario- und Eriesee im NO der USA

BUTCHER
>'s ist, als ob die Nacht
Am hellen Mittag ausbräch!

MULBERRY

5   Clive und Robber*
Sind unterm Hammer!

CLARK
             Wheelers Obstimport
Seit Noahs Zeiten* im Geschäft – bankrott!

10 Dick Havelocks Garagen zahlen aus!

CARUTHER
Und wo ist Sheet?

FLAKE
         Hat keine Zeit, zu kommen.

15 Er läuft von Bank zu Bank jetzt.

CLARK
                Was? Auch Sheet?
Mit einem Wort: Das Karfiolgeschäft*
In dieser Stadt ist aus.

20 BUTCHER
           Nun, meine Herren
Kopf hoch! Wer noch nicht tot ist, lebt noch!

MULBERRY
Nicht tot sein heißt nicht: leben.

25 BUTCHER
              Warum schwarz sehn?
Der Lebensmittelhandel ist im Grund
Durchaus gesund. 's ist Futter für die Vier-
millionenstadt*! Was, Krise oder nicht:

30 Die Stadt braucht frisches Grünzeug und wir schaffen's!

CARUTHER
Wie steht es mit den Grünzeugläden?

MULBERRY
               Faul.

35 Mit Kunden, einen halben Kohlkopf kaufend

Die Unternehmen von Clive und Robber werden versteigert.

Seit biblischen Zeiten, seit einer Ewigkeit

Der Karfiol (süddt., österr.): Blumenkohl

Gemeint ist Chicago.

auf Kredit

Und den auf Borg*!

CLARK

                   Der Karfiol verfault uns.

FLAKE

Im Vorraum wartet übrigens ein Kerl   5

eigenartig, sonderbar

– ich sag's nur, weil's kurios* ist – namens Ui…

CLARK

Der Gangster?

FLAKE

            Ja, persönlich. Riecht das Aas   10
Und sucht mit ihm sogleich Geschäftsverbindung.
Sein Leutnant, Herr Ernesto Roma, meint
Er könnt die Grünzeugläden überzeugen
Daß anderen Karfiol zu kaufen als
Den unsern, ungesund ist. Er verspricht   15
Den Umsatz zu verdoppeln, weil die Händler
Nach seiner Meinung lieber noch Karfiol
Als Särge kaufen.
Man lacht mißmutig.

CARUTHER   20

             's ist 'ne Unverschämtheit!

MULBERRY *lacht aus vollem Hals:*

Maschinenpistole der Firma Thompson u. Handgranaten des Erfinders W. Mills

Thompsonkanonen und Millsbomben*! Neue
Verkaufsideen! Endlich frisches Blut
Im Karfiolgeschäft! Es hat sich rumgesprochen   25
Daß wir schlecht schlafen: Herr Arturo Ui
Beeilt sich, seine Dienste anzubieten!
Ihr, jetzt heißt's wählen zwischen dem und nur noch

Nach milit. Strukturen aufgebaute relig. wohltätige Vereinigung

Der Heilsarmee*. Wo schmeckt das Süpplein besser?

CLARK   30

Ich denke, heißer wär es wohl beim Ui.

CARUTHER

Schmeißt ihn hinaus!

MULBERRY

             Doch höflich! Wer kann wissen   35

Wie weit's mit uns noch kommen wird!
Sie lachen.

FLAKE *zu Butcher:*

                      Was ist

5   Mit Dogsborough und einer Stadtanleih?
Zu den andern:
Butcher und ich, wir kochten da was aus*
Was uns durch diese tote Zeit der Geldnot
Hindurchbrächt. Unser Leitgedanke war

10   Ganz kurz und schlicht: warum soll nicht die Stadt
Der wir doch Steuern zahlen, uns aus dem Dreck ziehn
Mit einer Anleih, sag für Kaianlagen
Die wir zu bauen uns verpflichten könnten.
Der alte Dogsborough mit seinem Einfluß

15   Könnt uns das richten. Was sagt Dogsborough?

BUTCHER
Er weigert sich, was in der Sach zu tun.

FLAKE
Er weigert sich? Verdammt, er ist der Wahlboß

20   Im Dockbezirk und will nichts tun für uns?

CARUTHER
Seit Jahr und Tag blech ich in seinen Wahlfonds*!

MULBERRY
Zur Höll, er war Kantinenwirt bei Sheet!

25   Bevor er in die Politik ging, aß er
Das Brot des Trusts*! 's ist ein schwarzer Undank! Flake!
Was sagt ich dir? 's gibt keinen Anstand mehr!
's ist nicht nur Geldknappheit! 's ist
            Anstandsknappheit!

30   Sie trampeln fluchend aus dem sinkenden Boot
Freund wird zu Feind, Knecht bleibt nicht länger Knecht
Und unser alter, lächelnder Kantinenwirt
Ist nur noch eine große kalte Schulter.
Moral, wo bist du in der Zeit der Krise?

Marginal notes:

Wir arbeiteten an einem durchtriebenen Plan.

der Fonds (lat.-franz.): Geldanlage für bestimmte Zwecke

Zusammenschluss mehrerer Unternehmen zu einem marktbeherrschenden Großunternehmen

CARUTHER
Ich hätt es nicht gedacht vom Dogsborough!

CLARK
Wie redet er sich aus?

BUTCHER 5
Er nennt den Antrag fischig*.

(engl. »fishy«)
verdächtig,
»faul«

FLAKE
Was ist dran fischig? Kaianlagen baun
Ist doch nicht fischig. Und bedeutet Arbeit
Und Brot für Tausende! 10

BUTCHER
Er zweifelt, sagt er
Daß wir die Kaianlagen baun.

FLAKE
Was? Schändlich! 15

BUTCHER
Daß wir sie nicht baun wolln?

FLAKE
Nein, daß er zweifelt!

CLARK 20
Dann nehmt doch einen andern, der die Anleih
Uns durchboxt.

MULBERRY
Ja, 's gibt andere!

BUTCHER 25
Es gibt.
Doch keinen wie den Dogsborough. Seid ruhig!
Der Mann ist gut.

CLARK
Für was? 30

BUTCHER
Der Mann ist ehrlich.
Und was mehr ist: bekannt als ehrlich.

FLAKE
(ugs.) Unsinn
Mumpitz*! 35

BUTCHER

Ganz klar, daß er an seinen Ruf denkt!

FLAKE

Klar?

5 Wir brauchen eine Anleih von der Stadt.
Sein guter Ruf ist seine Sache.

BUTCHER

Ist er's?
Ich denk, er ist die unsre. Eine Anleih
10 Bei der man keine Fragen stellt, kann nur
Ein ehrlicher Mann verschaffen, den zu drängen
Um Nachweis und Beleg sich jeder schämte.
Und solch ein Mann ist Dogsborough. Das schluckt!
Der alte Dogsborough ist unsre Anleih.
15 Warum? Sie glauben an ihn. Wer an Gott
Längst nicht mehr glaubt, glaubt noch an Dogsborough.
Der hartgesottne Jobber*, der zum Anwalt   skrupellose
Nicht ohne Anwalt geht, den letzten Cent   Börsen-
Stopft' er zum Aufbewahren in Dogsboroughs Schürze spekulant
20 Säh er sie herrnlos überm Schanktisch liegen.
Zwei Zentner Biederkeit! Die achtzig Winter*   80 Jahre
Die er gelebt, sahn keine Schwäche an ihm!
Ich sage euch: ein solcher Mann ist Gold wert
Besonders, wenn man Kaianlagen bauen
25 Und sie ein wenig langsam bauen will.

FLAKE

Schön, Butcher, er ist Gold wert. Wenn er gradsteht
Für eine Sache, ist sie abgemacht.
Nur steht er nicht für unsre Sache grad!

30 **CLARK**

Nicht er! »Die Stadt ist keine Suppenschüssel!«
Und »Jeder für die Stadt, die Stadt für sich!«
's ist eklig. Kein Humor. 'ne Ansicht wechselt
Er wohl noch seltner als ein Hemd. Die Stadt
35 Ist für ihn nichts aus Holz und Stein, wo Menschen

1 City

Mit Menschen hausen und sich raufen um
Ein wenig Nahrung, sondern was Papierenes
Und Biblisches. Ich konnt ihn nie vertragen.
Der Mann war nie im Herzen mit uns! Was
Ist ihm Karfiol! Was das Transportgeschäft!   5
Seinetwegen kann das Grünzeug dieser Stadt
Verfaulen! Er rührt keinen Finger! Neunzehn
Jahr holt er unsre Gelder in den Wahlfonds.
Oder sind's zwanzig? Und die ganze Zeit
Sah er Karfiol nur auf der Schüssel! Und   10
Stand nie in einer einzigen Garage!

BUTCHER
So ist's.

CLARK
      Zur Höll mit ihm!   15

BUTCHER
               Nein, nicht zur Höll!
Zu uns mit ihm!

FLAKE
          Was soll das? Clark sagt klar   20
Daß dieser Mann uns kalt verwirft.

BUTCHER
                   Doch Clark sagt
Auch klar, warum.

CLARK   25
          Der Mann weiß nicht, wo Gott
                   wohnt!

BUTCHER
Das ist's! Was fehlt ihm? Wissen fehlt ihm.
            Dogsborough   30
Weiß nicht, wie einer sich in unsrer Haut fühlt.
Die Frag heißt also: Wie kommt Dogsborough
In unsre Haut? Was müssen wir tun mit ihm?
Wir müssen ihn belehren! Um den Mann ist's schad.
Ich hab ein Plänchen. Horcht, was ich euch rat!   35

Eine Schrift taucht auf:
1929–1932. ⌜DIE WELTKRISE SUCHTE DEUTSCHLAND
GANZ BESONDERS STARK HEIM. AUF DEM HÖHEPUNKT
DER KRISE VERSUCHTEN DIE PREUSSISCHEN JUNKER
5 STAATSANLEIHEN ZU ERGATTERN, LANGE OHNE ER-
FOLG⌝.

1a

Vor der Produktenbörse*. Flake und Sheet im Gespräch.

SHEET
10 Ich lief vom Pontius zum Pilatus*. Pontius
War weggereist, Pilatus war im Bad.
Man sieht nur noch die Rücken seiner Freunde!
Der Bruder, eh er seinen Bruder trifft
Kauft sich beim Trödler alte Stiefel, nur
15 Nicht angepumpt zu werden! Alte Partner
Fürchten einander so, daß sie vorm Stadthaus
Einander ansprechen mit erfundenen Namen!
Die ganze Stadt näht sich die Taschen zu*.
FLAKE
20 Was ist mit meinem Vorschlag?
SHEET
                    Zu verkaufen?
Das tu ich nicht. Ihr wollt das Supper* für
Das Trinkgeld und dann auch noch den Dank fürs
25   Trinkgeld!
Was ich von euch denk, sag ich besser nicht.
FLAKE
Mehr kriegst du nirgends.

Marginalien:

Börse, an der mit Waren gehandelt wird

In einer Angelegenheit erfolglos von einem zum anderen laufen (vgl. Lk 23)

Alle sparen.

(engl.) Abendessen

SHEET

                      Und von meinen Freunden
Krieg ich nicht mehr als anderswo, ich weiß.

FLAKE

Das Geld ist teuer jetzt.   5

SHEET

                          Am teuersten
Für den, der's braucht. Und daß es einer braucht
Weiß niemand besser als sein Freund.

FLAKE   10

                          Du kannst
Die Reederei* nicht halten.

Schifffahrts-
unternehmen

SHEET

                      Und du weißt
Ich hab dazu 'ne Frau, die ich vielleicht   15
Auch nicht mehr halten kann.

FLAKE

                       Wenn du verkaufst…

SHEET

Ist's ein Jahr länger. Wissen möcht ich nur   20
Wozu ihr meine Reederei wollt.

FLAKE

                      Daß wir
Im Trust dir helfen wollen könnten, daran
Denkst du wohl gar nicht?   25

SHEET

                    Nein. Das fiel mir nicht ein.
Wo hatt ich meinen Kopf? Daß mir nicht einfiel
Ihr könntet helfen wollen und nicht nur
Mir abpressen, was ich habe!   30

FLAKE

                    Bitterkeit
Gegen jedermann hilft dir nicht aus dem Sumpf.

SHEET

's hilft wenigstens dem Sumpf nicht, lieber Flake!   35

18   Der Aufstieg des Arturo Ui

*Vorbei kommen schlendernd drei Männer, der Gangster
Arturo Ui, sein Leutnant Ernesto Roma und ein Leibwächter. Ui starrt Flake im Vorbeigehen an, als erwarte
er, angesprochen zu werden, und Roma wendet sich
böse nach ihm um im Abgehen.*

SHEET
> Wer ist's?

FLAKE
>   Arturo Ui, der Gangster. – Wie
> Wenn du an uns verkauftest?

SHEET
>   Er schien eifrig
> Mit dir zu sprechen.

FLAKE *ärgerlich lachend:*
>   Sicher. Er verfolgt uns
> Mit Angeboten, unsern Karfiol
> Mit seinem Browning* abzusetzen. Solche
> Wie diesen Ui gibt es jetzt viele schon.
> Das überzieht die Stadt jetzt wie ein Aussatz*
> Der Finger ihr und Arm und Schulter anfrißt.
> Woher es kommt, weiß keiner. Jeder ahnt
> Es kommt aus einem tiefen Loch. Dies Rauben
> Entführen, Pressen, Schrecken, Drohn und Schlachten
> Dies »Hände hoch!« und »Rette sich, wer kann!«
> Man müßt's ausbrennen.

SHEET *ihn scharf anblickend:*
>   Schnell. Denn es steckt an.

Von J. M.
Browning
entwickelte
Pistole mit
Selbstlade-
vorrichtung

Lepra: verun-
staltende
Infektions-
krankheit der
Haut u. des
Nervensystems

2

*Hinterzimmer in Dogsboroughs Gasthof. Dogsborough
und sein Sohn spülen Gläser. Auftreten Butcher und Flake.*

DOGSBOROUGH

Ihr kommt umsonst! Ich mach's nicht! Er ist fischig
Euer Antrag, stinkend wie ein fauler Fisch.

DER JUNGE DOGSBOROUGH

Mein Vater lehnt ihn ab.   5

BUTCHER

                              Vergiß ihn, Alter!
Wir fragen. Du sagst nein. Gut, dann ist's nein.

DOGSBOROUGH

's ist fischig. Solche Kaianlagen kenn ich.   10
Ich mach's nicht.

DER JUNGE DOGSBOROUGH

                              Vater macht's nicht.

BUTCHER

                                   Gut, vergiß es.   15

DOGSBOROUGH

Ich sah euch ungern auf dem Weg. Die Stadt
Ist keine Suppenschüssel, in die jeder
Den Löffel stecken kann. Verdammt auch, euer
Geschäft ist ganz gesund.   20

BUTCHER

                              Was sag ich, Flake?
Ihr seht zu schwarz?

DOGSBOROUGH

                         Schwarzsehen ist Verrat.   25
Ihr fallt euch selber in den Rücken, Burschen.
Schaut, was verkauft ihr? Karfiol. Das ist
So gut wie Fleisch und Brot. Und Fleisch und Brot
Und Grünzeug braucht der Mensch. Steaks ohne
                              Zwiebeln   30
Und Hammel ohne Bohnen und den Gast
Seh ich nicht wieder! Der und jener ist
Ein wenig knapp im Augenblick. Er zaudert
Bevor er einen neuen Anzug kauft.
Jedoch, daß diese Stadt, gesund wie je   35

Nicht mehr zehn Cent aufbrächte für Gemüse
Ist nicht zu fürchten. Kopf hoch, Jungens! Was?

FLAKE

's tut wohl, dir zuzuhören, Dogsborough.
5 's gibt einem Mut zum Kampf.

BUTCHER

                                Ich find's fast komisch
Daß wir dich, Dogsborough, so zuversichtlich
Und standhaft finden, was Karfiol angeht.
10 Denn, gradheraus, wir kommen nicht ohne Absicht.
Nein, nicht mit der, die ist erledigt, Alter.
Hab keine Angst. Es ist was Angenehmres.
So hoffen wir zumindest. Dogsborough
Der Trust hat festgestellt, daß eben jetzt
15 Im Juni zwanzig Jahr vergangen sind
Seit du, ein Menschenalter uns vertraut als
Kantinenwirt in einer unsrer Firmen
Schiedst von uns, dich dem Wohl der Stadt zu widmen.
Die Stadt wär ohne dich nicht, was sie ist heut.
20 Und mit der Stadt wär der Karfioltrust nicht
Was er heut ist. Ich freu mich, daß du ihn
Im Kern gesund nennst. Denn wir haben gestern
Beschlossen, dir zu diesem festlichen Anlaß
Sag als Beweis für unsre hohe Schätzung
25 Und Zeichen, daß wir uns dir immer noch
Im Herzen irgendwie verbunden fühlen
Die Aktienmehrheit in Sheets Reederei
Für zwanzigtausend Dollar anzubieten.
Das ist noch nicht die Hälfte ihres Werts.
30 *Er legt ein Aktienpaket auf den Tisch.*

DOGSBOROUGH

Butcher, was soll das?

BUTCHER

                        Dogsborough, ganz offen:
35 Der Karfioltrust zählt nicht grad besonders

Empfindliche Seelen unter sich, jedoch
Als wir da gestern auf, nun, unsre dumme
Bitt um die Anleih deine Antwort hörten
Ehrlich und bieder, rücksichtslos gerade
Der ganze alte Dogsborough darin   5
Trat einigen von uns, ich sag's nicht gern

(poet.) kamen
uns die Tränen

Das Wasser in die Augen*. »Was«, sagt' einer
– sei ruhig, Flake, ich sag nicht, wer –, »da sind
Wir ja auf einen schönen Weg geraten!«
's gab eine kleine Pause, Dogsborough.   10

DOGSBOROUGH
Butcher und Flake, was steckt dahinter?

BUTCHER
                                                          Was
Soll denn dahinterstecken? 's ist ein Vorschlag!   15

FLAKE
Und es macht Spaß, ihn auszurichten. Hier
Stehst du, das Urbild eines ehrlichen Bürgers
In deiner Kneipe und spülst nicht nur Gläser
Nein, unsre Seelen auch! Und bist dabei   20
Nicht reicher, als dein Gast sein mag. 's ist rührend.

DOGSBOROUGH
Ich weiß nicht, was ich sagen soll.

BUTCHER
                                                    Sag nichts.   25

Nimm das
Paket an
(dich)!

Schieb das Paket ein!* Denn ein ehrlicher Mann
Kann's brauchen, wie? Verdammt, den ehrlichen Weg
Kommt wohl der goldene Waggon nicht oft, wie?
Ja, und dein Junge hier: Ein guter Name
Heißt's, ist mehr als ein gutes Bankbuch wert.   30
Nun, er wird's nicht verachten. Nimm das Zeug!

(ugs.) schiltst,
schimpfst

Ich hoff, du wäschst uns nicht den Kopf* für d a s!

DOGSBOROUGH
Sheets Reederei!

FLAKE
                    Du kannst sie sehn von hier.
DOGSBOROUGH *am Fenster:*
    Ich sah sie zwanzig Jahr.
5 FLAKE
                    Wir dachten dran.
DOGSBOROUGH
    Und was macht Sheet?
FLAKE
10   Geht in das Biergeschäft.
BUTCHER
    Erledigt?
DOGSBOROUGH
            Nun, 's ist alles schön und gut
15   Mit eurem Katzenjammer*, aber Schiffe   (ugs.)
     Gibt man nicht weg für nichts.   Schlechte
FLAKE   psych. Verfas-
                    Da ist was dran.   sung nach
     's mag sein, daß auch die zwanzigtausend uns   Misserfolgen
20   Ganz handlich kämen, jetzt, wo diese Anleih
     Verunglückt ist.
BUTCHER
                Und daß wir unsre Aktien
     Nicht gern grad jetzt am offnen Markt ausböten…
25 DOGSBOROUGH
     Das klingt schon besser. 's wär kein schlechter Handel.
     Wenn da nicht doch einige besondre
     Bedingungen daran geknüpft sind…
FLAKE
30   Keine.
DOGSBOROUGH
     Für zwanzigtausend sagt ihr?
FLAKE
                    Ist's zuviel?

DOGSBOROUGH

Nein, nein. Es wär dieselbe Reederei
In der ich nur ein kleiner Wirt war. Wenn

Urspr. verbor-
gene negative
Seite
Da nicht ein Pferdefuß* zum Vorschein kommt...
Ihr habt die Anleih wirklich aufgegeben?   5

FLAKE

Ganz.

DOGSBOROUGH

Möcht ich's fast überdenken. Was, mein Junge
Das wär für dich was! Dachte schon, ihr seid   10
Verschnupft. Jetzt macht ihr solch ein Angebot!
Da siehst du, Junge, Ehrlichkeit bezahlt sich
Mitunter auch. 's ist wie ihr sagt: der Junge
Hat, wenn ich geh, nicht viel mehr als den guten
Namen zu erben, und ich sah so viel   15
Übles verübt aus Not.

BUTCHER

Uns wär ein Stein vom Herzen
Wenn du annähmst. Denn zwischen uns wär dann
Nichts mehr von diesem Nachgeschmack, du weißt   20
Von unserm dummen Antrag! Und wir könnten
In Zukunft hören, was du uns anrätst
Wie auf gerade, ehrliche Art der Handel
Die tote Zeit durchstehen kann, denn dann
Wärst doch auch du ein Karfiolmann. Stimmt's?   25
Dogsborough ergreift seine Hand.

DOGSBOROUGH

Butcher und Flake, ich nehm's.

DER JUNGE DOGSBOROUGH

Mein Vater nimmt's.   30

Eine Schrift taucht auf:
⌜UM DEN REICHSPRÄSIDENTEN HINDENBURG FÜR DIE
NÖTE DER GUTSBESITZER ZU INTERESSIEREN, MACHTEN
SIE IHM EINEN GUTSBESITZ ZUM EHRENGESCHENK⌝.

3

Wettbüro der 122. Straße. Arturo Ui und sein Leutnant,
Ernesto Roma, begleitet von den Leibwächtern, hören die
Radiorennberichte. Neben Roma Dockdaisy.

5 ROMA
Ich wollt, Arturo, du befreitest dich
Aus dieser Stimmung braunen Trübsinns und
Untätiger Träumerei, von der die Stadt
Schon spricht.
10 UI *bitter:*
Wer spricht? Kein Mensch spricht von
mir noch.
Die Stadt hat kein Gedächtnis. Ach, kurzlebig
Ist hier der Ruhm. Zwei Monate kein Mord, und
15 Man ist vergessen.
Durchfliegt die Zeitungen.
Schweigt der Mauser*, schweigt
Die Presse. Selbst wenn ich die Morde liefre
Kann ich nie sicher sein, daß was gedruckt wird.
20 Denn nicht die Tat zählt, sondern nur der Einfluß.
Und der hängt wieder ab von meinem Bankbuch.
Kurz, 's ist so weit gekommen, daß ich manchmal
Versucht bin alles hinzuschmeißen.

ROMA
25 Auch
Bei unsern Jungens macht der Bargeldmangel
Sich peinlich fühlbar. Die Moral sinkt ab.
Untätigkeit verdirbt sie mir. Ein Mann
Der nur auf Spielkarten schießt, verkommt. Ich geh
30 Schon nicht mehr gern ins Hauptquartier, Arturo.
Sie dauern mich. Mein »Morgen geht es los«
Bleibt mir im Hals stecken, wenn ich ihre Blicke seh.

Von Paul u.
Wilhelm
Mauser entwi-
ckelte Pistole

Racket
(engl.-amerik.):
Verbrecher-
bande

Dein Plan für das Gemüseracket* war
So vielversprechend. Warum nicht beginnen?

UI

Nicht jetzt. Nein, nicht von unten. 's ist zu früh.

ROMA   5

»Zu früh« ist gut! Seit dich der Trust wegschickte
Sitzt du, vier Monate jetzt schon, herum
Und brütest. Pläne! Pläne! Halbherzige
Versuche! Der Besuch beim Trust brach dir
Das Rückgrat! Und der kleine Zwischenfall   10
In Harpers Bank mit diesem Polizisten
Liegt dir noch in den Knochen!

UI

                       Aber sie schossen!

ROMA   15

Nur in die Luft! 's war ungesetzlich!

UI

                           Um
Ein Haar, zwei Zeugen weniger, und ich säße
Im Kittchen jetzt. Und dieser Richter! Nicht   20
Für zwei Cents Sympathie!

ROMA

                      Für Grünzeugläden
Schießt keine Polizei. Sie schießt für Banken.
Schau her, Arturo, wir beginnen mit   25
Der elften Straße! Fenster eingehaut
Petroleum auf Karfiol, das Mobiliar
Zerhackt zu Brennholz! Und wir arbeiten uns
Hinunter bis zur siebten Straße. Ein
Zwei Tage später tritt Manuele Giri   30
Nelke im Knopfloch, in die Läden und
Sagt Schutz zu. Zehn Prozent vom Umsatz.

UI

                           Nein.
Erst brauch ich selber Schutz. Vor Polizei   35

Und Richter muß ich erst geschützt sein, eh
Ich andre schützen kann. ⌜'s geht nur von oben⌝.
Düster.
Hab ich den Richter nicht in meiner Tasche
Indem er was von mir in seiner hat
Bin ich ganz machtlos. Jeder kleine Schutzmann
Schießt mich, brech ich in eine Bank, halbtot.

ROMA
Bleibt uns nur Givolas Plan. Er hat den Riecher
Für Dreck, und wenn er sagt, der Karfioltrust
Riecht »anheimelnd faul«, muß etwas dran sein. Und
Es war ein Teil Gerede, als die Stadt
Wie's heißt, auf Dogboroughs Empfehlung, damals
Die Anleih gab. Seitdem wird dies und das   hinter vorge-
Gemunkelt* über irgendwas, was nicht   haltener Hand
Gebaut sein soll und eigentlich sein müßt.   geredet
Doch andererseits war Dogsborough dafür
Und warum sollt der alte Sonntagsschüler*   Musterschüler
Für etwas sein, wenn's irgend fischig ist?
Dort kommt ja Ragg vom »Star«. Von solchen Sachen
Weiß niemand mehr als Ragg. He! Hallo, Ted!

RAGG *etwas benommen:*
Hallo, ihr! Hallo, Roma! Hallo, Ui!
Wie geht's in ⌜Capua⌝?

UI
                        Was meint er?

RAGG
                                    Oh
Nichts weiter, Ui. Das war ein kleiner Ort
Wo einst ein großes Heer verkam. Durch Nichtstun
Wohlleben, mangelnde Übung.

UI
                        Sei verdammt!

ROMA *zu Ragg:*
Kein Streit! Erzähl uns was von dieser Anleih

Für den Karfioltrust, Ted!

RAGG

Was schert das euch?
Verkauft ihr jetzt Karfiol? Ich hab's! Ihr wollt
Auch eine Anleih von der Stadt. Fragt Dogsborough!   5
Der Alte peitscht sie durch.
Kopiert den Alten.

»Soll ein Geschäftszweig
Im Grund gesund, jedoch vorübergehend
Bedroht von Dürre, untergehn?« Kein Auge   10
Bleibt trocken in der Stadtverwaltung. Jeder
Fühlt tief mit dem Karfiol, als wär's ein Stück von ihm.
Ach, mit dem Browning fühlt man nicht, Arturo!
Die anderen Gäste lachen.

ROMA   15

nicht zu
Scherzen
aufgelegt

Reiz ihn nicht, Ted, er ist nicht bei Humor*.

RAGG
Ich kann's mir denken. Givola, heißt es, war
Schon bei ⌈Capone⌉ um Arbeit.

DOCKDAISY *sehr betrunken:*   20

Das ist Lüge!
Giuseppe läßt du aus dem Spiel!

RAGG

Dockdaisy!
Noch immer ⌈Kurzbein Givolas⌉ Nebenbraut?   25
Stellt sie vor.
Die vierte Nebenbraut des dritten Nebenleutnants
Eines
zeigt auf Ui
schnell sinkenden Sterns von zweiter Größe!   30
O traurig Los!

DOCKDAISY

Stopft ihm sein schmutziges Maul, ihr!

RAGG
⌈Dem Gangster flicht die Nachwelt keine Kränze!⌉   35

⌜Die wankelmütige Menge wendet sich
Zu neuen Helden⌝. Und der Held von gestern
Sinkt in Vergessenheit. Sein Steckbrief gilbt*

> Vergilben: Gelbwerden von altem Papier

In staubigen Archiven. »Schlug ich nicht
5 Euch Wunden, Leute?« – »Wann?« – »Einst!« – »Ach,
                                        die Wunden
Sind lang schon Narben!« Und die schönsten Narben
Verlaufen sich mit jenen, die sie tragen!
»So bleibt in einer Welt, wo gute Taten
10 So unbemerkt gehn, nicht einmal von üblen
Ein kleines Zeugnis?« – »Nein!« – »O faule Welt!«
UI *brüllt auf:*
Stopft ihm sein Maul!
RAGG *erblassend:*
15   He! Keine rauhen Töne
Ui, mit der Presse!
Die Gäste sind alarmiert aufgestanden.
ROMA *drängt Ragg weg:*
                          Geh nach Haus, Ted, du
20 Hast ihm genug gesagt. Geh schnell!
RAGG *rückwärts gehend, jetzt sehr in Furcht:*
                                        Auf später!
Das Lokal leert sich schnell.
ROMA *zu Ui:*
25 Du bist nervös, Arturo.
UI
                          Diese Burschen
Behandeln mich wie Dreck.
ROMA
30   Warum, 's ist nur
Dein langes Schweigen, nichts sonst.
UI *düster:*
                          Wo bleibt Giri
Mit Sheets Kassier*, von dem er so viel faselt?

> (österr., schweiz., süddt.) Kassierer

ROMA

Er wollt mit ihm um drei Uhr hier sein.

UI

                           Und

Was ist das mit dem Givola und Capone?   5

ROMA

Nichts Ernstliches. Capone war bei ihm nur

Hier: Kränze für Beerdigungen

Im Blumenladen, Kränze* einzukaufen.

UI

Kränze? Für wen?   10

ROMA

               Ich weiß nicht. Nicht für uns.

UI

Ich bin nicht sicher.

ROMA   15

             Ach, du siehst zu schwarz heut.

Kein Mensch bekümmert sich um uns.

UI

               So ist es! Dreck

Behandeln sie mit mehr Respekt. Der Givola   20

Läuft weg beim ersten Mißerfolg. Ich schwör dir

Ich rechne ab mit ihm beim ersten Erfolg!

ROMA

Giri!

Eintritt Manuele Giri mit einem heruntergekommenen   25

Abwertend: Mensch von zweifelhaftem Ruf

Individuum*, Bowl.

GIRI

          Das ist der Mann, Chef!

ROMA *zu Bowl:*

                   Und du bist   30

Bei Sheet Kassierer, im Karfioltrust?

BOWL

                    War.

War dort Kassierer, Chef. Bis vorige Woche.

Bis dieser Hund…   35

GIRI
                    Er haßt, was nach Karfiol riecht.
BOWL
    Der Dogsborough...
5 UI *schnell:*
                    Was ist mit Dogsborough?
ROMA
    Was hattest du zu tun mit Dogsborough?
GIRI
10 Drum schleif ich ihn ja her!
BOWL
                        Der Dogsborough
    Hat mich gefeuert.
ROMA
15   Aus Sheets Reederei?
BOWL
    Aus seiner eigenen. Es ist seine, seit
    Anfang September.
ROMA
20   Was?
GIRI
                    Sheets Reederei
    Das ist der Dogsborough. Bowl war dabei
    Als Butcher vom Karfioltrust selbst dem Alten
25 Die Aktienmehrheit überstellte.
UI
                    Und?
BOWL
    Und 's ist 'ne blutige Schande...
30 GIRI
                        Siehst du's nicht, Chef?
BOWL
    ...daß Dogsborough die fette Stadtanleih
    Für den Karfioltrust vorschlug...

GIRI

                                     und geheim
Selbst im Karfioltrust saß!
UI *dem es zu dämmern beginnt:*

                        Das ist korrupt! 5

(ugs.) Er hat Unrecht begangen, ist kriminell.
Bei Gott der Dogsborough hat Dreck am Stecken*!
BOWL
Die Anleih ging an den Karfioltrust, aber
Sie machten's durch die Reederei. Durch mich.
Und ich, ich zeichnete für Dogsborough 10
Und nicht für Sheet, wie es nach außen aussah.
GIRI
Wenn das kein Schlager! Der Dogsborough!
Das rostige alte Aushängeschild! Der biedre
Verantwortungsbewußte Händedrücker! 15
Der unbestechliche wasserdichte Greis!
BOWL
wegen Unterschlagung zu entlassen
Ich tränk's ihm ein, mich wegen Unterschleif
Zu feuern*, und er selber... Hund!
ROMA 20

                        Nimm's ruhig!
's gibt außer dir noch andere Leute, denen
Das Blut kocht, wenn sie so was hören müssen.
Was meinst du, Ui?
UI *auf Bowl:* 25

                   Wird er's beschwören?
GIRI

                            Sicher.
UI *groß aufbrechend:*
Beobachtet ihn genau!
Haltet ein Aug auf ihn*! Komm, Roma! Jetzt 30
Riech ich Geschäfte!
Er geht schnell ab, von Ernesto Roma und den Leibwächtern gefolgt.
GIRI *schlägt Bowl auf die Schulter:*

                     Bowl, du hast vielleicht 35

Ein Rad in Schwung gesetzt, das...

BOWL

Und betreff
Des Zasters*...

(ugs.) Geld

5 GIRI

Keine Furcht! Ich kenn den Chef.

Eine Schrift taucht auf:
⌐IM HERBST 1932 STEHT DIE PARTEI UND PRIVATARMEE
ADOLF HITLERS VOR DEM FINANZIELLEN BANKROTT
10 UND IST VON RASCHER AUFLÖSUNG BEDROHT. VERZWEI-
FELT MÜHT SICH HITLER, ZUR MACHT ZU KOMMEN. JE-
DOCH GELINGT ES IHM LANGE NICHT, HINDENBURG ZU
SPRECHEN.¬

4

15 *Dogsboroughs Landhaus. Dogsborough und sein Sohn.*

DOGSBOROUGH
Dies Landhaus hätt ich niemals nehmen dürfen.
Daß ich mir das Paket halb schenken ließ
War nicht angreifbar.
20 DER JUNGE DOGSBOROUGH
Absolut nicht.
DOGSBOROUGH
Daß
Ich um die Anleih ging, weil ich am eignen Leib
25 Erfuhr, wie da ein blühender Geschäftszweig
Verkam aus Not, war kaum ein Unrecht. Nur
Daß ich, vertrauend, daß die Reederei was abwürf
Dies Landhaus schon genommen hatte, als

Ich diese Anleih vorschlug, und so insgeheim
In eigner Sach gehandelt hab, war falsch.

DER JUNGE DOGSBOROUGH
Ja, Vater.

DOGSBOROUGH 5
's war ein Fehler oder kann
Als Fehler angesehen werden. Junge, dieses
Landhaus hätt ich nicht nehmen dürfen.

DER JUNGE DOGSBOROUGH
Nein. 10

DOGSBOROUGH
Wir sind in eine Fall gegangen, Sohn.

DER JUNGE DOGSBOROUGH
Ja, Vater.

DOGSBOROUGH 15
Dies Paket war wie des Schankwirts
Salziges Krabbenzeug, im Drahtkorb, gratis
Dem Kunden hingehängt, damit er, seinen
Billigen Hunger stillend, sich Durst anfrißt.
Pause. 20

DOGSBOROUGH
Die Anfrag nach den Kaianlagen im Stadthaus
Gefällt mir nicht. Die Anleih ist verbraucht –
Clark nahm und Butcher nahm, Flake nahm und
Caruther 25
Und leider Gottes nahm auch ich und noch ist
Kein Pfund Zement gekauft! Das einzige Gute:
Daß ich den Handel auf Sheets Wunsch nicht an
Die große Glock hing, so daß niemand weiß
Ich hab zu tun mit dieser Reederei. 30

DIENER *tritt ein:*
Herr Butcher vom Karfioltrust an der Leitung!

DOGSBOROUGH
Junge, geh du!
Der junge Dogsborough mit dem Diener ab. Man hört 35
Glocken von fern.

Der Aufstieg des Arturo Ui

DOGSBOROUGH

Was kann der Butcher wollen?
Zum Fenster hinausblickend.
Es waren die Pappeln, die bei diesem Landsitz
5   Mich reizten. Und der Blick zum See, wie Silber
Bevor's zu Talern wird. Und daß nicht saurer
Geruch von altem Bier hier hängt. Die Tannen
Sind auch gut anzusehn, besonders die Wipfel.
Es ist ein Graugrün. Staubig. Und die Stämme
10   Von der Farb des Kalbleders, das man früher beim
Abzapfen
Am Faß verwandte. Aber den Ausschlag gaben
Die Pappeln. Ja, die Pappeln waren's. Heut
Ist Sonntag. Hm. Die Glocken klängen friedlich
15   Wär in der Welt nicht so viel Menschenbosheit.
Was kann der Butcher heut, am Sonntag, wollen?
Ich hätt dies Landhaus...

DER JUNGE DOGSBOROUGH *zurück:*

Vater, Butcher sagt
20   Im Stadthaus sei heut nacht beantragt worden
Den Stand der Kaianlagen des Karfioltrusts
Zu untersuchen! Vater, fehlt dir was?

DOGSBOROUGH

Meinen Kampfer*!
25   DER JUNGE DOGSBOROUGH *gibt ihm:*
Hier!

DOGSBOROUGH

Was will der Butcher machen?

DER JUNGE DOGSBOROUGH

30   Herkommen.

DOGSBOROUGH

Hierher? Ich empfang ihn nicht.
Ich bin nicht wohl. Mein Herz.
Er steht auf. Groß.
35   Ich hab mit dieser

Stark
riechendes
ätherisches Öl
des Kampfer-
baumes; Heil-
mittel

Sach nichts zu tun. Durch sechzig Jahre war
Mein Weg ein grader und das weiß die Stadt.

dunklen
Machen-
schaften

Ich hab mit ihren Schlichen* nichts gemein.

DER JUNGE DOGSBOROUGH
Ja, Vater. Ist dir besser?   5

DER DIENER *zurück:*
                           Ein Herr Ui
Ist in der Halle.

DOGSBOROUGH
                    Der Gangster!   10

DER DIENER
                           Ja. Sein Bild

in den
Zeitungen

War in den Blättern*. Er gibt an, Herr Clark
Vom Karfioltrust habe ihn geschickt.

DOGSBOROUGH   15
Wirf ihn hinaus! Wer schickt ihn? Herr Clark? Zum
                                                    Teufel
Schickt er mir Gangster auf den Hals? Ich will...
Eintreten Arturo Ui und Ernesto Roma.

UI   20
Herr Dogsborough.

DOGSBOROUGH
                    Hinaus!

ROMA
                           Nun, nun! Gemütlich!   25
Nichts Übereiltes! Heut ist Sonntag, was?

DOGSBOROUGH
Ich sag: Hinaus!

DER JUNGE DOGSBOROUGH
                    Mein Vater sagt: Hinaus!   30

ROMA
Und sagt er's nochmals, ist's nochmals nichts Neues.

UI *unbewegt:*
Herr Dogsborough.

DOGSBOROUGH

        Wo sind die Diener? Hol
Die Polizei!

ROMA

5   Bleib lieber stehn, Sohn! Schau
Im Flur, mag sein, sind ein paar Jungens, die
Dich mißverstehen könnten.

DOGSBOROUGH

        So, Gewalt.

10 ROMA

Oh, nicht Gewalt! Nur etwas Nachdruck, Freund.
Stille.

UI

Herr Dogsborough. Ich weiß, Sie kennen mich nicht.
15 Oder nur vom Hörensagen, was schlimmer ist.
Herr Dogsborough, Sie sehen vor sich einen
Verkannten Mann*. Sein Bild geschwärzt von Neid
Sein Wollen entstellt von Niedertracht. Als ich
Vor nunmehr vierzehn Jahren als Sohn der Bronx* und
20 Einfacher Arbeitsloser in dieser Stadt
Meine Laufbahn anfing, die, ich kann es sagen
Nicht ganz erfolglos war, hatt ich um mich nur
Sieben brave Jungens, mittellos, jedoch
Entschlossen wie ich, ihr Fleisch herauszuschneiden
25 Aus jeder Kuh, die unser Herrgott schuf.
Nun, jetzt sind's dreißig, und es werden mehr sein.
Sie werden fragen: Was will Ui von mir?
Ich will nicht viel. Ich will nur eines: nicht
Verkannt sein! Nicht als Glücksjäger, Abenteurer
30 Oder was weiß ich betrachtet werden!
Räuspern.
Zumindest nicht von einer Polizei
Die ich stets schätzte. Drum steh ich vor Ihnen
Und bitt Sie – und ich bitt nicht gern –, für mich
35 Ein Wörtlein einzulegen, wenn es not tut

Mann, dessen
gute Eigen-
schaften nicht
erkannt
werden

Armer Stadt-
teil von New
York

4 Dogsboroughs Landhaus

Bei der Polizei.

DOGSBOROUGH *ungläubig:*
                    Sie meinen, für Sie bürgen?

UI
    Wenn es not tut. Das hängt davon ab, ob wir   5
    Im guten auskommen mit den Grünzeughändlern.

DOGSBOROUGH
    Was haben Sie im Grünzeughandel zu schaffen?

UI
    Ich komm dazu. Ich bin entschlossen, ihn   10
    Zu schützen. Gegen jeden Übergriff.
    Wenn's sein muß, mit Gewalt.

DOGSBOROUGH
                              Soviel ich weiß
    Ist er bis jetzt von keiner Seit bedroht.   15

UI
    Bis jetzt. Vielleicht. Ich sehe aber weiter
    Und frag: wie lang? Wie lang in solcher Stadt
    Mit einer Polizei, untüchtig und korrupt
    Wird der Gemüsehändler sein Gemüse   20
    In Ruh verkaufen können? Wird ihm nicht
    Vielleicht schon morgen früh sein kleiner Laden
skrupelloser   Von ruchloser* Hand zerstört, die Kass geraubt sein?
    Wird er nicht lieber heut schon gegen kleines Entgelt
    Kräftigen Schutz genießen wollen?   25

DOGSBOROUGH
                              Ich
    Denk eher: nein.

UI
                    Das würd bedeuten, daß er   30
    Nicht weiß, was für ihn gut ist. Das ist möglich.
    Der kleine Grünzeughändler, fleißig, aber
    Beschränkt, oft ehrlich, aber selten weitblickend
    Braucht starke Führung. Leider kennt er nicht
    Verantwortung dem Trust gegenüber, dem   35

Er alles verdankt. Auch hier, Herr Dogsborough
Setzt meine Aufgab ein. Denn auch der Trust
Muß heut geschützt sein. Weg mit faulen Zahlern!
Zahl oder schließ den Laden! Mögen einige
5 Schwache zugrund gehen! Das ist Naturgesetz!
Kurz, der Karfioltrust braucht mich.

DOGSBOROUGH

                                 Was geht mich
Der Karfioltrust an? Ich denk, Sie sind mit Ihrem
10 Merkwürdigen Plan an falscher Stelle, Mann.

UI

Darüber später. Wissen Sie, was Sie brauchen?
Sie brauchen Fäuste im Karfioltrust! Dreißig
Entschlossene Jungens unter meiner Führung!

15 **DOGSBOROUGH**

Ich weiß nicht, ob der Trust statt Schreibmaschinen
Thompsonkanonen haben will, doch ich
Bin nicht im Trust.

UI

20   Wir reden davon noch.
Sie sagen: dreißig Männer, schwer bewaffnet
Gehn aus und ein im Trust. Wer bürgt uns da
Daß nicht uns selbst was zustößt? Nun, die Antwort
Ist einfach die: Die Macht hat stets, wer zahlt.
25 Und wer die Lohntüten ausstellt*, das sind Sie.
Wie könnt ich jemals gegen Sie ankommen?
Selbst wenn ich wollte und Sie nicht so schätzte
Wie ich es tu, Sie haben mein Wort dafür!
Was bin ich schon? Wie groß ist schon mein Anhang*?
30 Und wissen Sie, daß einige bereits abfallen*?
Heut sind's noch zwanzig, wenn's noch zwanzig sind!
Wenn Sie mich nicht retten, bin ich aus. Als Mensch
Sind Sie verpflichtet, heute mich zu schützen
Vor meinen Feinden und, ich sag's wie's ist
35 Vor meinen Anhängern auch! Das Werk von vierzehn
                                     Jahren

wer den Arbeitnehmern ihren Lohn zahlt

meine Gefolgschaft

mir die Gefolgschaft verweigern

Steht auf dem Spiel! Ich rufe Sie als Mensch an!
DOGSBOROUGH
So hören Sie, was ich als Mensch tun werd:
Ich ruf die Polizei.
UI

Die Polizei?
DOGSBOROUGH
Jawohl, die Polizei.
UI

Heißt das, Sie weigern
Sich, mir als Mensch zu helfen?
Brüllt.

Dann verlang ich's
Von Ihnen als einem Verbrecher! Denn das sind Sie!
Ich werd Sie bloßstellen! Die Beweise hab ich!
Sie sind verwickelt in den Kaianlagen-
skandal, der jetzt heraufzieht! Sheets Reederei
Sind Sie! Ich warn Sie! Treiben Sie mich nicht
Zum Äußersten! Die Untersuchung ist
Beschlossen worden!
DOGSBOROUGH *sehr bleich:*

Sie wird niemals stattfinden!
Meine Freunde …
UI

Haben Sie nicht! Die hatten Sie
gestern.
Heut haben Sie keinen Freund mehr, aber morgen
Haben Sie nur Feinde. Wenn Sie einer rettet
Bin ich's! Arturo Ui! Ich! Ich!
DOGSBOROUGH

Die Untersuchung
Wird es nicht geben. Niemand wird mir das
Antun. Mein Haar ist weiß …
UI

Doch außer Ihrem Haar

Ist nichts an Ihnen weiß. Mann! Dogsborough!
Versucht, seine Hand zu ergreifen.
Vernunft! Nur jetzt Vernunft! Lassen Sie sich retten
Von mir! Ein Wort von Ihnen und ich schlag
5 Einen jeden nieder, der Ihnen nur ein einziges
Haar krümmen will! Dogsborough, helfen Sie
Mir jetzt, ich bitt Sie, einmal! Nur einmal!
Ich kann nicht mehr vor meine Jungens, wenn
Ich nicht mit Ihnen übereinkomm*!   handelseinig
10 ⌐*Er weint.*¬   werde

DOGSBOROUGH
                                    Niemals!
Bevor ich mich mit Ihnen einlaß, will ich
Lieber zugrund gehn!

15 UI
                        Ich bin aus. Ich weiß es.
⌐Ich bin jetzt vierzig und bin immer noch nichts!¬
Sie müssen mir helfen!

DOGSBOROUGH
20   Niemals!

UI
                            Sie, ich warn Sie!
Ich werde Sie zerschmettern!

DOGSBOROUGH
25   Doch solang ich
Am Leben bin, kommen Sie mir niemals, niemals
Zu Ihrem Grünzeugracket!

UI *mit Würde:*
                            Nun, Herr Dogsborough
30 Ich bin erst vierzig, Sie sind achtzig, also
Werd ich mit Gottes Hilf Sie überleben!
Ich weiß, ich komm in den Grünzeughandel!

DOGSBOROUGH
                                    Niemals!

UI
  Roma, wir gehn.
  Er verbeugt sich formell und verläßt mit Ernesto Roma
  das Zimmer.
DOGSBOROUGH   5
              Luft! Was für eine Fresse!
  Ach, was für eine Fresse! Nein, dies Landhaus
  Hätt ich nicht nehmen dürfen! Aber sie werden's
  Nicht wagen, da zu untersuchen. Sonst
  Wär alles aus! Nein, nein, sie werden's nicht wagen.   10
DER DIENER *herein:*
  Goodwill und Gaffles von der Stadtverwaltung!
  Auftreten Goodwill und Gaffles.
GOODWILL
  Hallo, Dogsborough!   15
DOGSBOROUGH
              Hallo, Goodwill und Gaffles!
  Was Neues?
GOODWILL
              Und nichts Gutes, fürcht ich. War   20
  Das nicht Arturo Ui, der in der Hall
  An uns vorüberging?
DOGSBOROUGH *mühsam lachend:*
              Ja, in Person.
  Nicht grad 'ne Zierde in 'nem Landhaus!   25
GOODWILL
                                  Nein.
  Nicht grad 'ne Zierde! Nun, kein guter Wind
  Treibt uns heraus zu dir. Es ist die Anleih
  Des Karfioltrusts für die Kaianlagen.   30
DOGSBOROUGH *steif:*
  Was mit der Anleih?
GAFFLES
              Nun, gestern im Stadthaus
  Nannten sie einige, jetzt werd nicht zornig   35

Ein wenig fischig.

DOGSBOROUGH

Fischig.

GOODWILL

5   Sei beruhigt!
Die Mehrheit nahm den Ausdruck übel auf.
Ein Wunder, daß es nicht zu Schlägerein kam!

GAFFLES

Verträge Dogsboroughs fischig! wurd geschrien.
10   Und was ist mit der Bibel? Die ist wohl
Auch fischig plötzlich! 's wurd fast eine Ehrung
Für dich dann, Dogsborough! Als deine Freunde
Sofort die Untersuchung forderten
Fiel, angesichts unseres Vertrauns, doch mancher
15   Noch um und wollte nichts mehr davon hören.
Die Mehrheit aber, eifrig, deinen Namen
Auch nicht vom kleinsten Windhauch des Verdachts
Gerührt zu sehn, schrie: Dogsborough, das ist
Nicht nur ein Name und nicht nur ein Mann
20   's ist eine Institution! und setzte tobend
Die Untersuchung durch.

DOGSBOROUGH

Die Untersuchung.

GOODWILL

25   O'Casey führt sie für die Stadt. Die Leute
Vom Karfioltrust sagen nur, die Anleih
Sei direkt an Sheets Reederei gegeben
Und die Kontrakte* mit den Baufirmen waren   Abkommen,
Von Sheets Reederei zu tätigen.   Verträge

30 DOGSBOROUGH

Sheets Reederei.

GOODWILL

Am besten wär's, du schicktest selbst 'nen Mann
Mit gutem Ruf, der dein Vertrauen hat
35   Und unparteiisch ist, hineinzuleuchten

Mit den
Schwänzen
verknotete
junge Ratten;
bildl.:
undurchsich-
tiger Fall

In diesen dunklen Rattenkönig*.

DOGSBOROUGH

Sicher.

GAFFLES

So ist's erledigt, und jetzt zeig uns dein   5
Gepriesnes neues Landhaus, Dogsborough
Daß wir was zu erzählen haben!

DOGSBOROUGH

Ja.

GOODWILL   10

Friede und Glocken! Was man wünschen kann!

GAFFLES *lachend:*

Und keine Kaianlag!

DOGSBOROUGH

Ich schick den Mann!   15

Sie gehen langsam hinaus.

Eine Schrift taucht auf.

⌜IM JANUAR 1933 VERWEIGERTE DER REICHSPRÄSIDENT
HINDENBURG MEHRMALS DEM PARTEIFÜHRER HITLER
DEN REICHSKANZLERPOSTEN. JEDOCH HATTE ER DIE   20
DROHENDE UNTERSUCHUNG DES SOGENANNTEN OST-
HILFESKANDALS ZU FÜRCHTEN. ER HATTE AUCH FÜR DAS
IHM GESCHENKTE GUT NEUDECK STAATSGELDER GENOM-
MEN UND SIE NICHT DEN ANGEGEBENEN ZWECKEN ZU-
GEFÜHRT.⌝   25

5

*Stadthaus. Butcher, Flake, Clark, Mulberry, Caruther. Ge-
genüber neben Dogsborough, der kalkweiß ist, O'Casey,
Gaffles und Goodwill. Presse.*

BUTCHER *leise:*
Er bleibt lang aus.

MULBERRY
                    Er kommt mit Sheet. Kann sein
5   Sie sind nicht übereins. Ich denk, sie haben
    Die ganze Nacht verhandelt. Sheet m u ß aussagen
    Daß er die Reederei noch hat.

CARUTHER
                    Es ist für Sheet
10 Kein Honiglecken*, sich hierherzustellen   Keine ange-
    Und zu beweisen, daß nur er der Schurk ist.   nehme Situa-
                                                    tion/Tätigkeit

FLAKE
    Sheet macht es nie.

CLARK
15   Er muß.

FLAKE
                    Warum soll er
    Fünf Jahr Gefängnis auf sich nehmen?

CLARK
20   's ist
    Ein Haufen Geld und Mabel Sheet braucht Luxus.
    Er ist noch heut vernarrt in sie. Er macht's.
    Und was Gefängnis angeht: Er wird kein
    Gefängnis sehn. Das richtet Dogsborough.

25 *Man hört Geschrei von Zeitungsjungen, und ein Repor-
    ter bringt ein Blatt herein.*

GAFFLES
    Sheet ist tot aufgefunden. Im Hotel.   Fahrkarte
    In seiner Westentasche ein Billett* nach Frisco*.
                                                      Saloppe
30 BUTCHER   Kurzform von
    Sheet tot?   San Francisco

O'CASEY *liest:*
              Ermordet.

MULBERRY
35   Oh!

FLAKE *leise:*

                    Er hat es nicht gemacht.

GAFFLES

    Dogsborough, ist dir übel?

DOGSBOROUGH *mühsam:*

                        's geht vorbei.

O'CASEY

    Der Tod des Sheet...

CLARK

                      Der unerwartete Tod

Tötung mit der   Des armen Sheet ist fast 'ne Harpunierung*
Harpune   Der Untersuchung...

O'CASEY

              Freilich: Unerwartet

    Kommt oft erwartet, man erwartet oft

    Was Unerwartetes, so ist's im Leben.

    Jetzt steh ich vor euch mit gewaschenem Hals

    Und hoff, ihr müßt mich nicht an Sheet verweisen

    Mit meinen Fragen, denn Sheet ist sehr schweigsam

    Seit heute nacht, wie ich aus diesem Blatt seh.

MULBERRY

    Was heißt das, eure Anleih wurde schließlich

    Der Reederei gegeben, ist's nicht so?

O'CASEY

    So ist's. Jedoch: Wer ist die Reederei?

FLAKE *leise:*

Er verbirgt   Komische Frag! Er hat noch was im Ärmel*!
noch etwas!

CLARK *ebenso:*

    Was könnt das sein?

O'CASEY

              Fehlt dir was, Dogsborough?

    Ist es die Luft?

    Zu den andern:

              Ich mein nur, man könnt sagen:

    Jetzt muß der Sheet nebst einigen Schaufeln Erde

Auf sich auch noch den andern Dreck hier nehmen.
Ich ahn…

CLARK

        Vielleicht, O'Casey, es wär besser

5   Sie ahnten nicht so viel. In dieser Stadt
Gibt es Gesetze gegen üble Nachred.

MULBERRY

Was soll euer dunkles Reden? Wie ich hör
Hat Dogsborough 'nen Mann bestimmt, dies alles

10   Zu klären. Nun, so wartet auf den Mann!

O'CASEY

Er bleibt lang aus. Und wenn er kommt, dann, hoff ich
Erzählt er uns nicht nur von Sheet.

FLAKE

15   Wir hoffen
Er sagt, was ist, nichts sonst.

O'CASEY

                    So, 's ist ein ehrlicher
                          Mann?

20   Das wär nicht schlecht. Da Sheet heut nacht erst starb
Könnt alles schon geklärt sein. Nun, ich hoff
zu Dogsborough:
Es ist ein guter Mann, den du gewählt hast.

CLARK *scharf:*

25   ⌐Er ist der, der er ist, ja⌐? Und hier kommt er.
Auftreten Arturo Ui und Ernesto Roma, begleitet von
Leibwächtern.

UI

Hallo, Clark! Hallo, Dogsborough! Hallo!

30 CLARK

Hallo, Ui!

UI

             Nun, was will man von mir wissen?

O'CASEY *zu Dogsborough:*

35   Das hier dein Mann?

CLARK

Gewiß; nicht gut genug?

GOODWILL

Dogsborough, heißt das…?

O'CASEY *da die Presse unruhig geworden ist:*   5
Ruhe dort!

EIN REPORTER

's ist Ui!

Gelächter. O'Casey schafft Ruhe. Dann mustert er die
Leibwächter.   10

O'CASEY

Wer sind die Leute?

UI

Freunde.

O'CASEY *zu Roma:*   15
Wer sind Sie?

UI

Handlungsbe-   Mein Prokurist*, Ernesto Roma.
vollmächtigter

GAFFLES

Halt!   20
Ist, Dogsborough, das hier dein Ernst?
Dogsborough schweigt.

O'CASEY

Herr Ui
Wie wir Herrn Dogsboroughs beredtem Schweigen   25
Entnehmen, sind es Sie, der sein Vertraun hat
Verträge   Und unsres wünscht. Nun, wo sind die Kontrakte*?

UI

Was für Kontrakte?

CLARK *da O'Casey Goodwill ansieht:*   30
Die die Reederei
Bezwecks des Ausbaus ihrer Kaianlagen
Mit Baufirmen getätigt haben muß.

UI

Ich weiß nichts von Kontrakten.   35

O'CASEY

                           Nein?

CLARK

                                      Sie meinen

5   's gibt keine solchen?

O'CASEY *schnell:*

                           Sprachen Sie mit Sheet?

UI *schüttelt den Kopf:*

    Nein.

10 CLARK

            Ach, Sie sprachen nicht mit Sheet?

UI *hitzig:*

                                          Wer das

    Behauptet, daß ich mit dem Sheet sprach, lügt.

15 O'CASEY

    Ich dacht, Sie schauten in die Sache, Ui

    Im Auftrag Dogsboroughs?

UI

                           Das tat ich auch.

20 O'CASEY

    Und trug, Herr Ui, Ihr Studium Früchte?

UI

                                          Sicher.

    Es war nicht leicht, die Wahrheit festzustellen.

25 Und sie ist nicht erfreulich. Als Herr Dogsborough

    Mich zuzog, im Interesse dieser Stadt

    Zu klären, wo das Geld der Stadt, bestehend

    Aus den Spargroschen von uns Steuerzahlern

    Und einer Reederei hier anvertraut

30 Geblieben ist, mußt ich mit Schrecken feststellen

    Daß es veruntreut worden ist. Das ist Punkt eins.

    Punkt zwei ist: Wer hat es veruntreut? Nun

    Auch das konnt ich erforschen und der Schuldige

    Ist leider Gottes...

O'CASEY

Nun, wer ist es?

UI

Sheet.

O'CASEY   5

Oh, Sheet! Der schweigsame Sheet, den Sie nicht
sprachen!

UI

Was schaut ihr so? Der Schuldige heißt Sheet.

CLARK   10

Der Sheet ist tot. Hast du's denn nicht gehört?

UI

So, ist er tot? Ich war die Nacht in Cicero.
Drum hab ich nichts gehört. Roma war bei mir.
Pause.   15

ROMA

Das nenn ich komisch. Meint ihr, das ist Zufall
Daß er grad jetzt?

UI

Meine Herren, das ist kein Zufall.   20
Sheets Selbstmord ist die Folg von Sheets Verbrechen.
's ist ungeheuerlich!

O'CASEY

's ist nur kein Selbstmord.

UI   25

Was sonst? Natürlich, ich und Roma waren
Heut nacht in Cicero, wir wissen nichts.
Doch was ich weiß, was uns jetzt klar ist: Sheet
Scheinbar ein ehrlicher Geschäftsmann, war
Ein Gangster!   30

O'CASEY

Ich versteh. Kein Wort ist Ihnen
Zu scharf für Sheet, für den heut nacht noch andres
Zu scharf war, Ui. Nun, Dogsborough, zu dir!

DOGSBOROUGH
Zu mir?

BUTCHER *scharf:*
Was ist mit Dogsborough?

5 **O'CASEY**
Das ist:
Wie ich Herrn Ui versteh – und ich versteh
Ihn, denk ich, gut –, war's eine Reederei
Die Geld erhielt und die es unterschlug.
10 So bleibt nur eine Frage nun: Wer ist
Die Reederei? Ich höre, sie heißt Sheet.
Doch was sind Namen? Was uns interessiert
Ist, wem die Reederei gehörte. Nicht
Nur, wie sie hieß! Gehörte sie auch Sheet?
15 Sheet ohne Zweifel könnt's uns sagen, aber
Sheet spricht nicht mehr von dem, was ihm gehörte
Seitdem Herr Ui in Cicero war. Wär's möglich
Daß doch ein anderer der Besitzer war
Als der Betrug geschah, der uns beschäftigt?
20 Was meinst du, Dogsborough?

DOGSBOROUGH
Ich?

O'CASEY
Ja. Könnt es sein

25 Daß du an Sheets Kontortisch* saßest, als dort   Kontor
Grad ein Kontrakt, nun sagen wir – nicht gemacht   (niederl.):
wurd?   Geschäftsraum
                                                           eines Kauf-
                                                           manns
GOODWILL
O'Casey!

30 **GAFFLES** *zu O'Casey:*
Dogsborough? Was fällt dir ein!

DOGSBOROUGH
Ich...

O'CASEY
35 Und schon früher, als du uns im Stadthaus

5 Stadthaus   51

Erzähltest, wie der Karfiol es schwer hätt
Und daß wir eine Anleih geben müßten –
War's eigene Erfahrung, die da sprach?

BUTCHER
Was soll das? Seht ihr nicht, dem Mann ist übel? 5

CARUTHER
Ein alter Mann!

FLAKE
            Sein weißes Haar müßt euch
Belehren, daß in ihm kein Arg sein kann*. 10

dass er aufrichtig ist

ROMA
Ich sag: Beweise!

O'CASEY
            Was Beweise angeht…

UI 15
Ich bitt um Ruhe! Etwas Ordnung, Freunde!

GAFFLES *laut:*
Um Himmels willen, Dogsborough, sprich!

EIN LEIBWÄCHTER *brüllt plötzlich:*
                  Der Chef 20
Will Ruhe! Ruhig!
Plötzliche Stille.

UI
            Wenn ich sagen darf
Was mich bewegt in dieser Stunde und 25
Bei diesem Anblick, der beschämend ist
– ein alter Mann beschimpft und seine Freunde
Schweigend herumstehnd –, so ist's das: Herr
                  Dogsborough
Ich glaube Ihnen. Sieht so Schuld aus, frag ich? 30
Blickt so ein Mann, der krumme Wege ging?
Ist weiß hier nicht mehr weiß, schwarz nicht mehr
                  schwarz?
's ist weit gekommen, wenn es soweit kommt.

CLARK

Man wirft hier einem unbescholtnen Mann*
Bestechung vor!

Ehrbarer Mann
von unzweifel-
haftem Ruf

O'CASEY

5   Und mehr als das: Betrug!
Denn ich behaupt, die schattige* Reederei
Von der wir so viel Schlechtes hörten, als man
Sie noch dem Sheet zuschrieb, war Eigentum
Des Dogsborough zur Zeit der Anleih!

(engl.
»shady«,
schattig) Hier:
undurchsichtig

10 MULBERRY

Das ist Lüge!

CARUTHER

        Ich setz meinen Kopf zum Pfand
Für Dogsborough! O lad die ganze Stadt!*
15 Und find da einen, der ihn schwarz nennt!

Ruf alle
Einwohner
zusammen!

REPORTER *zu einem andern, der eben eintritt:*
                                Eben
Wird Dogsborough beschuldigt!

DER ANDERE REPORTER

20   Dogsborough?
Warum nicht Abraham Lincoln*?

Amerik.
Präsident
(1809–1865)

MULBERRY *und* FLAKE

                        Zeugen! Zeugen!

O'CASEY

25 Ach, Zeugen? Wollt ihr das? Nun, Smith, wie steht's
Mit unserm Zeugen? Ist er da? Ich sah
Er ist gekommen.
*Einer seiner Leute ist in die Tür getreten und hat ein
Zeichen gemacht. Alle blicken zur Tür. Kurze Pause.*
30 *Dann hört man eine Folge von Schüssen und Lärm.
Große Unruhe. Die Reporter laufen hinaus.*

DIE REPORTER

Es ist vor dem Haus. Maschinengewehr. Wie heißt dein
Zeuge, O'Casey? Dicke Luft. Hallo, Ui!

O'CASEY *zur Tür gehend:*
Bowl.
Schreit hinaus.
　　　Hier herein!
DIE LEUTE VOM KARFIOLTRUST

Was ist los? Jemand ist abgeschossen worden
Auf der Treppe. Verdammt!
BUTCHER *zu Ui:*

Mehr Unfug? Ui, wir sind geschiedene Leute*
Wenn da was vorging, was...
UI

　　　　　Ja?
O'CASEY

　　　　　　　Bringt ihn rein!
Polizisten tragen einen Körper herein.
O'CASEY

's ist Bowl. Meine Herren, mein Zeuge ist nicht mehr
Vernehmungsfähig, fürcht ich.
*Er geht schnell ab. Die Polizisten haben Bowls Leiche in
eine Ecke gelegt.*
DOGSBOROUGH

　　　　　Gaffles, nimm
Mich weg von hier.
Gaffles geht ohne zu antworten an ihm vorbei hinaus.
UI *mit ausgestreckter Hand auf Dogsborough zu:*
Meinen Glückwunsch, Dogsborough!
Ich will, daß Klarheit herrscht. So oder so.

Eine Schrift taucht auf:
⌜ALS DER REICHSKANZLER GENERAL SCHLEICHER MIT
DER AUFDECKUNG DER UNTERSCHLAGUNGEN VON
OSTHILFEGELDERN UND STEUERHINTERZIEHUNGEN
DROHTE, ÜBERGAB HINDENBURG AM 30. 1. 1933 HITLER
DIE MACHT. DIE UNTERSUCHUNG WURDE NIEDERGE-
SCHLAGEN⌝.

Marginal note (left): Ich möchte nichts mehr mit Ihnen zu tun haben, wenn ...

6

⌜Mamouthhotel⌝. Suite des Ui. Zwei Leibwächter führen einen zerlumpten Schauspieler vor den Ui. Im Hintergrund Givola.

5 **ERSTER LEIBWÄCHTER**
Er ist ein Schauspieler, Chef. Unbewaffnet.
ZWEITER LEIBWÄCHTER
Er hätte nicht die Pinkepinke* für einen Browning.   (ugs.) Geld
Voll ist er nur, weil sie ihn in der Kneipe was dekla-   einen Text
10 mieren* lassen, wenn sie voll sind. Aber er soll gut   kunstvoll
Sein. Er ist ein Klassikanischer.   vortragen
UI
                    So hören Sie:
Man hat mir zu verstehen gegeben, daß meine Aus-
15 sprache zu wünschen übrig läßt. Und da es unver-
meidlich sein wird, bei dem oder jenem Anlaß ein paar
Worte zu äußern, ganz besonders, wenn's einmal poli-
tisch wird, will ich Stunden nehmen. Auch im Auftreten.
DER SCHAUSPIELER
20 Jawohl.
UI
        Den Spiegel vor!
Ein Leibwächter trägt einen großen Stehspiegel nach vorn.
25 **UI**
                Zuerst das Gehen. Wie
Geht ihr auf dem Theater oder in der Oper?
DER SCHAUSPIELER
Ich versteh Sie. Sie meinen den großen Stil.
30 Julius Caesar. Hamlet. Romeo. Stücke von
                        Shakespeare.
Herr Ui, Sie sind an den rechten Mann gekommen. Wie
                                man

Klassisch auftritt, kann der alte Mahonney Ihnen in
Zehn Minuten beibringen. Sie sehen einen tragischen
Fall vor sich, meine Herren. Ich hab mich ruiniert
Mit Shakespeare. Englischer Dichter. Ich könnte heute

Hauptstraße in
New York mit
den meisten
Theatern

Am Broadway* spielen, wenn es nicht Shakespeare   5
                                                  gäbe.
Die Tragödie eines Charakters. »Spielen Sie nicht
Shakespeare, ⌐wenn Sie Ibsen spielen, Mahonney!
Schauen Sie auf den Kalender! Wir halten 1912,
                                               Herr!« –   10
»Die Kunst kennt keinen Kalender, Herr«, sage ich.
»Ich mache Kunst⌐.« Ach ja.

GIVOLA
                        Mir scheint, du bist an

(franz.) nicht
mehr zeit-
gemäß

Den falschen Mann geraten, Chef. Er ist passé*.   15
UI
Das wird sich zeigen. Gehen Sie herum, wie man bei
Diesem Shakespeare geht!
Der Schauspieler geht herum.
UI   20
                        Gut!
GIVOLA
                        Aber so kannst du nicht
Vor den Karfiolhändlern gehen! Es ist unnatürlich!
UI   25
Was heißt unnatürlich? Kein Mensch ist heut natür-
lich. Wenn ich gehe, wünsche ich, daß es bemerkt
Wird, daß ich gehe.
Er kopiert das Gehen des Schauspielers.
DER SCHAUSPIELER   30
                        Kopf zurück.
Ui legt den Kopf zurück.
                                     Der
Fuß berührt den Boden mit den Zehspitzen zuerst.
Uis Fuß berührt den Boden mit den Zehspitzen zuerst.   35

Gut. Ausgezeichnet. Sie haben eine Natur-
anlage*. Nur mit den Armen muß noch etwas
                                        geschehen.
Steif. Warten Sie. Am besten, Sie legen sie vor dem
Geschlechtsteil zusammen.
*Ui legt die Hände beim Gehen vor dem Geschlechtsteil
zusammen.*
                              Nicht schlecht.
Ungezwungen und doch gerafft. Aber der Kopf ist
                                        zurück.
Richtig. Ich denke, der Gang ist für Ihre Zwecke in
Ordnung, Herr Ui. Was wünschen Sie noch?

UI
                                        Das Stehen.
Vor Leuten.

GIVOLA
                Stell zwei kräftige Jungens dicht
Hinter dich und du stehst ausgezeichnet.

UI
                                        Das ist
Ein Unsinn. Wenn ich stehe, wünsche ich, daß
Man nicht auf zwei Leute hinter mir, sondern auf
Mich schaut. Korrigieren Sie mich!
Er stellt sich in Positur, die Arme über der Brust gefal-
tet.*

DER SCHAUSPIELER
                              Das ist
Möglich. Aber gewöhnlich. Sie wollen nicht
Aussehen wie ein Friseur, Herr Ui. Verschränken
Sie die Arme so.
*Er legt die Arme so übereinander, daß die Handrücken
sichtbar bleiben, sie kommen auf die Oberarme zu lie-
gen.*
                Eine minutiöse* Ände-
rung, aber der Unterschied ist gewaltig. Vergleichen

natürliche
Begabung

Für eine
bestimmte
Situation
bewusst
gewählte
Haltung

peinlich
genaue

Sie im Spiegel, Herr Ui!
Ui probiert die neue Armhaltung im Spiegel.

UI

               Gut.

GIVOLA

                   Wozu machst du das?
Nur für die feinen Herren im Trust?

UI

                       Natürlich
Nicht. Selbstredend ist's für die kleinen Leute.
Wozu, glaubst du, tritt dieser Clark im Trust zum
Beispiel imponierend* auf? Doch nicht für seines-
gleichen! Denn da genügt sein Bankguthaben, gradso
Wie für bestimmte Zwecke kräftige Jungens mir den
Respekt verschaffen. Clark tritt imponierend auf
Der kleinen Leute wegen! Und so tu ich's.

GIVOLA

                        Nur, man
Könnt sagen: 's wirkt nicht angeboren. Es gibt
Leute, die da heikel* sind.

UI

               Selbstredend gibt es die.
Nur kommt's nicht an, was der Professor denkt, der
Oder jene Überschlaue, sondern wie sich der kleine
Mann halt seinen Herrn vorstellt. Basta.

GIVOLA

                        Jedoch
Warum den Herrn herausgehängt*? Warum nicht lieber
Bieder, hemdsärmlig* und mit blauem Auge, Chef?

UI

Dazu hab ich den alten Dogsborough.

GIVOLA

                       Der hat etwas
Gelitten, wie mir scheint. Man führt ihn zwar
Noch unter »Haben« auf, das wertvolle alte Stück

Respekt
einflößend

(süddt.,
österr.) wähle-
risch, schwer
zufrieden zu
stellen

Warum sich als
feiner Herr
geben?

nicht sehr
vornehm,
zupackend

Der Aufstieg des Arturo Ui

Doch zeigen tut man's nicht mehr so gern, mag sein
's ist nicht ganz echt… So geht's mit der Fa-
milienbibel, die man nicht mehr aufschlägt, seit man
Im Freundeskreis gerührt darin blätternd, zwischen
5 Den ehrwürdigen vergilbten Seiten die vertrocknete
Wanze entdeckte. Aber freilich, für den Karfiol
Dürft er noch gut genug sein.

UI

                        Wer respektabel   angesehen ist,
10 Ist*, bestimme ich.   Achtung
                                                   verdient

GIVOLA

                    Klar, Chef. Nichts gegen Dogs-
borough! Man kann ihn noch gebrauchen. Selbst im
Stadthaus läßt man ihn nicht fallen.

15 UI

                            Das Sitzen.

DER SCHAUSPIELER

Das Sitzen. Das Sitzen ist beinahe das Schwerste
Herr Ui. Es gibt Leute, die können gehen; es gibt
20 Leute, die können stehen; aber wo sind die Leute
Die sitzen können? Nehmen Sie einen Stuhl mit Lehne
Herr Ui. Und jetzt lehnen Sie sich nicht an. Hände
Auf die Oberschenkel, parallel mit dem Bauch, Ellen-
bögen stehen vom Körper ab. Wie lange können Sie
25 So sitzen, Herr Ui?

UI

                    Beliebig lang.

DER SCHAUSPIELER

                        Dann ist alles
30 Gut, Herr Ui.

GIVOLA

                    Vielleicht ist's richtig, Chef, wenn
Du das Erbe des Dogsborough dem lieben Giri läßt.
Der trifft Volkstümlichkeit auch ohne Volk. Er
35 Mimt* den Lustigen und kann so lachen, daß vom   Spielt

Flache Decke
eines Raumes

Plafond* die Stukkatur* abfällt, wenn's not tut.
Und auch wenn's nicht not tut, wenn zum Beispiel

Dekoration
aus Gips an
Wänden und
Decken

Du als Sohn der Bronx auftrittst, was du doch
Wahrlich bist, und von den sieben entschlossenen
Jungens sprichst... 5

UI

                So. Lacht er da.

GIVOLA

                         Daß vom
Plafond die Stukkatur fällt. Aber sag nichts zu 10

könne ihn
nicht leiden

Ihm, sonst sagt er wieder, ich sei ihm nicht grün*.
Gewöhn ihm lieber ab, Hüte zu sammeln.

UI

                                Was für
Hüte? 15

GIVOLA

        Hüte von Leuten, die er abgeschossen hat.
Und damit öffentlich herumzulaufen. 's ist
Ekelhaft.

UI 20

      ⌐Dem Ochsen, der da drischt, verbind
Ich nicht das Maul⌐. Ich überseh die kleinen
Schwächen meiner Mitarbeiter.
Zum Schauspieler:
Und nun zum Reden! Tragen Sie was vor! 25

DER SCHAUSPIELER

      Shakespeare. Nichts anderes. Caesar. Der antike
Held. *Er zieht ein Büchlein aus der Tasche.* Was halten Sie von der ⌐Antonius-Rede⌐? Am Sarg Caesars.

                               Gegen 30

Auf dem
Höhepunkt
(seiner
Karriere)

Brutus. Führer der Meuchelmörder. Ein Muster der
Volksrede, sehr berühmt. Ich spielte den Antonius
Im Zenit*, 1908. Genau, was Sie brauchen, Herr Ui.

deklamiert,
trägt vor

Er stellt sich in Positur und rezitiert, Zeile für Zeile, die
Antonius-Rede. 35

DER SCHAUSPIELER

Mitbürger, Freunde, Römer, euer Ohr!
Ui spricht ihm aus dem Büchlein nach, mitunter ausge-
bessert von dem Schauspieler, jedoch wahrt er im
5 *Grund seinen knappen und rauhen Ton.*

DER SCHAUSPIELER

Caesar ist tot. Und Caesar zu begraben
Nicht ihn zu preisen, kam ich her. Mitbürger!
Das Böse, das der Mensch tut, überlebt ihn!
10 Das Gute wird mit ihm zumeist verscharrt.
Sei's so mit Caesar! Der wohledle Brutus
Hat euch versichert: Caesar war tyrannisch.
Wenn er das war, so war's ein schwerer Fehler
Und schwer hat Caesar ihn nunmehr bezahlt.
15 UI *allein weiter:*
Ich stehe hier mit Brutus' Billigung
(Denn Brutus ist ein ehrenwerter Mann
Das sind sie alle, ehrenwerte Männer)
An seinem Leichnam nun zu euch zu reden.
20 Er war mein Freund, gerecht und treu zu mir:
Doch Brutus sagt uns, Caesar war tyrannisch
Und Brutus ist ein ehrenwerter Mann.
Er brachte viel Gefangene heim nach Rom:
Roms Kassen füllten sich mit Lösegeldern.
25 Vielleicht war das von Caesar schon tyrannisch?
Freilich, hätt das der arme Mann in Rom
Von ihm behauptet – Caesar hätt geweint.
Tyrannen sind aus härterem Stoff? Vielleicht!
Doch Brutus sagt uns, Caesar war tyrannisch
30 Und Brutus ist ein ehrenwerter Mann.
Ihr alle saht, wie bei den Luperkalien*
Ich dreimal ihm die königliche Kron bot.
Er wies sie dreimal ab. War das tyrannisch?
Nein? Aber Brutus sagt, er war tyrannisch
35 Und ist gewiß ein ehrenwerter Mann.

Altröm. Fest
des Hirten-
gottes Faun,
später Reini-
gungs- und
Fruchtbarkeits-
feier

Ich rede nicht, Brutus zu widerlegen
Doch steh ich hier, zu sagen, was ich weiß.
Ihr alle liebtet ihn einmal – nicht grundlos!
Was für ein Grund hält euch zurück, zu trauern?
Während der letzten Verse fällt langsam der Vorhang. 5

Eine Schrift taucht auf:

Wie allgemein
gesagt wird

⌐DEM VERLAUTEN NACH* ERHIELT HITLER UNTERRICHT
IN DEKLAMATION UND EDLEM AUFTRETEN VON DEM
PROVINZSCHAUSPIELER BASIL.⌐

7   10

*Büro des Karfioltrusts. Arturo Ui, Ernesto Roma, Giu-
seppe Givola, Manuele Giri und die Leibwächter. Eine
Schar kleiner Gemüsehändler hört den Ui sprechen. Auf
dem Podest sitzt neben dem Ui krank der alte Dogsborough. Im Hintergrund Clark.* 15

UI *brüllend:*
      Mord! Schlächterei! Erpressung! Willkür! Raub!
      Auf offener Straße knattern Schüsse! Männer
      Ihrem Gewerb nachgehend, friedliche Bürger
      Ins Stadthaus tretend, Zeugnis abzulegen, gemordet 20
      Am hellichten Tag! Und was tut dann die Stadtverwal-
      tung, frag ich? Nichts! Freilich, die ehrenwerten
      Männer müssen gewisse schattige Geschäfte planen und
      Ehrlichen Leuten ihre Ehr abschneiden, statt daß
      Sie einschreiten! 25
GIVOLA
                  Hört!

Kurz, es herrscht Chaos.
Denn, wenn ein jeder machen kann, was er will
Und was sein Egoismus ihm eingibt, heißt das
5 Daß alle gegen alle sind und damit Chaos
Herrscht. Wenn ich ganz friedlich meinen
Gemüseladen führ oder sagen wir mein Lastauto
Mit Karfiol steuer oder was weiß ich und ein andrer
Weniger freundlich in meinen Laden trampelt
10 Hände hoch! oder mir den Reifen plattschießt
Mit dem Browning, kann nie ein Friede herrschen!
Wenn ich aber das einmal weiß, daß Menschen
So sind und nicht sanfte Lämmchen, muß ich etwas tun
Daß sie mir eben nicht den Laden zertrampeln
15 Und ich die Hände nicht jeden Augenblick
Wenn es dem Nachbarn paßt, hochheben muß
Sondern sie für meine Arbeit brauchen kann
Sagen wir zum Gurkenzählen oder was weiß ich.
Denn so ist eben der Mensch. Der Mensch wird nie
20 Aus eigenem Antrieb seinen Browning weglegen.
Etwa, weil's schöner wär oder weil gewisse
Schönredner im Stadthaus ihn dann loben würden.
Solang ich nicht schieß, schießt der andre! Das
Ist logisch. Aber was da tun, fragt ihr.
25 Das sollt ihr hören. Eines gleich voraus:
So wie ihr's bisher machtet, so geht's nicht.
Faul vor der Ladenkasse sitzen und
Hoffen, daß alles gut gehn wird, und dazu
Uneinig unter euch, zersplittert, ohne
30 Starke Bewachung, die euch schützt und schirmt
Und hiermit ohnmächtig gegen jeden Gangster
So geht's natürlich nicht. Folglich das erste
Ist Einigkeit, was not tut. Zweitens Opfer.
Was, hör ich euch sagen, opfern sollen wir?
35 Geld zahlen für Schutz, dreißig Prozent abführen

Schutz,
Gönnerschaft

Für Protektion*? Nein, nein, das wollen wir nicht!
Da ist uns unser Geld zu lieb! Ja, wenn
Der Schutz umsonst zu haben wär, dann gern!
Ja, meine lieben Gemüsehändler, so
Einfach ist's nicht. Umsonst ist nur der Tod. 5
Alles andre kostet. Und so kostet auch Schutz.
Und Ruhe und Sicherheit und Friede! Das
Ist nun einmal im Leben so. Und drum
Weil das so ist und nie sich ändern wird
Hab ich und einige Männer, die ihr hier 10
Stehn seht – und andre sind noch draußen –, beschlossen
Euch unsern Schutz zu leihn.
Givola und Roma klatschen Beifall.
                   Damit ihr aber
Sehn könnt, daß alles auf geschäftlicher Basis 15
Gemacht werden soll, ist hier Herr Clark erschienen
Von Clarks Großhandel, den ihr alle kennt.
*Roma zieht Clark hervor. Einige Gemüsehändler klat-
schen.*

GIVOLA 20
Herr Clark, im Namen der Versammlung heiße
Ich Sie willkommen. Daß der Karfioltrust
Sich für Arturo Uis Ideen einsetzt
Kann ihn nur ehren. Vielen Dank, Herr Clark!

CLARK 25
Wir vom Karfiolring, meine Herrn und Damen
besorgt Sehn mit Alarm*, wie schwer es für Sie wird
Das Grünzeug loszuschlagen. »'s ist zu teuer«
Hör ich Sie sagen. Doch, warum ist's teuer?
Weil unsre Packer, Lader und Chauffeure 30
Verhetzt von schlechten Elementen, mehr
Und mehr verlangen. Aufzuräumen da
Ist, was Herr Ui und seine Freunde wünschen.

ERSTER HÄNDLER
Doch, wenn der kleine Mann dann weniger 35

Und weniger bekommt, wer kauft dann Grünzeug?

UI

                                                Diese Frage

Ist ganz berechtigt. Meine Antwort ist:
5   Der Arbeitsmann ist aus der heutigen Welt
Ob man ihn billigt oder nicht, nicht mehr
Hinwegzudenken. Schon als Kunde nicht.
Ich habe stets betont, daß ehrliche Arbeit
Nicht schändet, sondern aufbaut und Profit bringt.
10   Und hiemit nötig ist. Der einzelne Arbeitsmann
Hat meine volle Sympathie. Nur wenn er
Sich dann zusammenrottet und sich anmaßt
Da dreinzureden, wo er nichts versteht
Nämlich, wie man Profit herausschlägt und so weiter
15   Sag ich: Halt, Bruder, so ist's nicht gemeint.
Du bist ein Arbeitsmann, das heißt, du arbeitst.
Wenn du mir streikst und nicht mehr arbeitst, dann
Bist du kein Arbeitsmann mehr, sondern ein
Gefährliches Subjekt und ich greif zu.
20   *Clark klatscht Beifall.*
Damit ihr aber seht, daß alles ehrlich
Auf Treu und Glauben vorgehn soll, sitzt unter
Uns hier ein Mann, der uns, ich darf wohl sagen
Allen, als Vorbild goldner Ehrlichkeit
25   Und unbestechlicher Moral dient, nämlich
Herr Dogsborough.
Die Gemüsehändler klatschen etwas stärker.
                           Herr Dogsborough, ich fühle
In dieser Stunde tief, wie sehr ich Ihnen
30   Zu Dank verpflichtet bin. Die Vorsehung
Hat uns vereinigt. Daß ein Mann wie Sie
Mich Jüngeren, den einfachen Sohn der Bronx
Zu Ihrem Freund, ich darf wohl sagen, Sohn
Erwählten, werd ich Ihnen nie vergessen.
35   ⌜*Er faßt Dogsboroughs schlaff herabhängende Hand*
und schüttelt sie.⌝

GIVOLA *halblaut:*
Erschütternder Moment! Vater und Sohn!
GIRI *tritt vor:*
Leute, der Chef spricht uns da aus dem Herzen!
Ich seh's euch an, ihr hättet ein paar Fragen.   5
Heraus damit! Und keine Furcht! Wir fressen
Keinen, der uns nichts tut. Ich sag's, wie's ist:
Ich bin kein Freund von vielem Reden und
Besonders nicht von unfruchtbarem Kritteln*

Herummäkeln,
destruktive
Kritik

Der Art, die ja an nichts ein gutes Haar läßt   10
Nur Achs und Abers kennt und zu nichts führt.
Gesunde, positive Vorschläge aber
Wie man das machen kann, was nun einmal
Gemacht werden muß, hörn wir mit Freude an.
Quatscht los!   15
Die Gemüsehändler rühren sich nicht.
GIVOLA *ölig:*
                          Und schont uns nicht! Ich denk, ihr kennt
                                                             mich
Und meine Blumenhandlung!   20
EIN LEIBWÄCHTER
                          Lebe Givola!
GIVOLA
Soll's also Schutz sein oder Schlächterei
Mord, Willkür, Raub, Erpressung? Hart auf hart?   25
ERSTER HÄNDLER
's war ziemlich friedlich in der letzten Zeit.

Auseinander-
setzung, Zank

In meinem Laden gab es keinen Stunk*.
ZWEITER
In meinem auch nicht.   30
DRITTER
                          Auch in meinem nicht.
GIVOLA
Merkwürdig!

Der Aufstieg des Arturo Ui

ZWEITER

        Man hat ja gehört, daß kürzlich
Im Schankgeschäft so manches vorkam, was
Herr Ui uns schilderte, daß wo die Gläser
Zerschlagen wurden und der Sprit vergossen
Wenn nicht für Schutz gezahlt wird, aber, gottlob
Im Grünzeughandel war es bisher ruhig.

ROMA

Und Sheets Ermordung? Und der Tod des Bowl?
Nennt ihr das ruhig?

ZWEITER

        Hat das mit Karfiol
Zu tun, Herr Roma?

ROMA

        Nein. 'nen Augenblick!

*Roma begibt sich zu Ui, der nach seiner großen Rede
erschöpft und gleichgültig dasaß. Nach ein paar Worten
winkt er Giri her, und auch Givola nimmt an einer ha-
stigen, geflüsterten Unterredung teil. Dann winkt Giri
einem der Leibwächter und geht schnell mit ihm hinaus.*

GIVOLA

Werte Versammlung!
Wie ich da eben hör
Ersucht da eine arme Frau Herrn Ui
Von ihr vor der Versammlung ein paar Worte
Des Dankes anzuhören.

*Er geht nach hinten und geleitet ⌜eine geschminkte, auf-
fällig gekleidete Person⌝ – Dockdaisy – herein, die an der
Hand ein kleines Mädchen führt. Die drei begeben sich
vor Ui, der aufgestanden ist.*

GIVOLA

        Sprechen Sie, Frau Bowl!

Zu den Grünzeughändlern:
Ich hör, es ist Frau Bowl, die junge Witwe
Des Hauptkassierers Bowl vom Karfioltrust

Der gestern, pflichtbewußt ins Stadthaus eilend
Von unbekannter Hand ermordet wurde.
Frau Bowl!

DOCKDAISY Herr Ui, ich möchte Ihnen in meinem tiefen
Kummer, der mich befallen hat angesichts des frechen 5
Mordes, der an meinem armen Mann verübt wurde, als
er in Erfüllung seiner Bürgerpflicht ins Stadthaus gehen
wollte, meinen tiefgefühlten Dank aussprechen. Es ist
für die Blumen, die Sie mir und meinem kleinen Mädchen im Alter von sechs Jahren, die ihres Vaters beraubt 10
wurde, geschickt haben. *Zur Versammlung:* Meine Herren, ich bin nur eine arme Witwe und möchte nur sagen,
daß ich ohne Herrn Ui heute auf der Straße läge, das
beschwöre ich jederzeit. Mein kleines Mädchen im Alter
von fünf Jahren und ich werden es Ihnen, Herr Ui, nie- 15
mals vergessen.
⌐*Ui reicht Dockdaisy die Hand und faßt das Kind unter
das Kinn*⌐.

GIVOLA
Bravo! 20
*Durch die Versammlung quer durch kommt Giri, den
Hut Bowls auf, gefolgt von einigen Gangstern, welche
große Petroleumkannen schleppen. Sie bahnen sich ei-
nen Weg zum Ausgang.*

UI 25
Frau Bowl, mein Beileid zum Verlust. Dies Wüten
Ruchlos und unverschämt, muß aufhören, denn...

GIVOLA *da die Händler aufzubrechen beginnen:*

Halt!

Die Sitzung ist noch nicht geschlossen. Jetzt 30
Wird unser Freund James Greenwool zum Gedenken
Des armen Bowl ein Lied vortragen mit
Anschließender Sammlung für die arme Witwe.
Er ist ein Bariton.

kitschiges und
emotionales
Einer der Leibwächter tritt vor und singt ein ⌐*schmal-* 35
ziges* Lied⌐, *in dem das Wort* »Heim« *reichlich vor-*

*kommt. Die Gangster sitzen während des Vortrags tief
versunken in den Musikgenuß, die Köpfe in die Hände
gestützt oder mit geschlossenen Augen zurückgelehnt
usw. Der karge Beifall, der sich danach erhebt, wird*
5 *unterbrochen durch das Pfeifen von Polizei- und Brand-
autosirenen. Ein großes Fenster im Hintergrund hat sich
geöffnet.*

ROMA
Feuer im Dockbezirk!
10 STIMME
Wo?
EIN LEIBWÄCHTER *herein:*
Ist hier ein
Grünhändler namens Hook?
15 DER ZWEITE HÄNDLER
Hier! Was ist los!
DER LEIBWÄCHTER
Ihr Speicher brennt.
Der Händler Hook stürzt hinaus. Einige nach. Andere
20 *ans Fenster.*
ROMA
Halt! Bleiben! Niemand
Verläßt den Raum!
Zum Leibwächter:
25 Ist's Brandstiftung?
DER LEIBWÄCHTER
Ja, sicher.
Man hat Petroleumkannen vorgefunden, Boß.
DER DRITTE HÄNDLER
30 Hier wurden Kannen durchgetragen!
ROMA *rasend:*
Wie?
Wird hier behauptet, daß es wir sind?
EIN LEIBWÄCHTER *stößt dem Mann den Browning in die*
35 *Rippen:*
Was

Soll man hier durchgetragen haben? Kannen?
ANDERE LEIBWÄCHTER *zu anderen Händlern:*
  Sahst du hier Kannen? Du?
DIE HÄNDLER
                                    Ich nicht. Auch ich nicht.   5
ROMA
  Das will ich hoffen!
GIVOLA *schnell:*
                    Jener selbe Mann
  Der uns hier eben noch erzählte, wie   10
  Friedlich es zugeht im Karfiolgeschäft
  Sieht jetzt sein Lager brennen! Von ruchloser Hand
  In Asch verwandelt! Seht ihr immer noch nicht?
  Seid ihr denn blind? Jetzt einigt euch! Sofort!
UI *brüllend:*   15
  's ist weit gekommen in dieser Stadt. Erst Mord
  Dann Brandstiftung! Ja, jedem, wie mir scheint
  Geht da ein Licht auf! Jeder ist gemeint!

Eine Schrift taucht auf:
⌐IM FEBRUAR 1933 GING DAS REICHSTAGSGEBÄUDE IN   20
FLAMMEN AUF. HITLER BESCHULDIGTE SEINE FEINDE
DER BRANDSTIFTUNG UND GAB DAS SIGNAL ZUR NACHT
DER LANGEN MESSER⌐.

8

Der Speicherbrandprozeß. Presse. Richter. Ankläger. Ver- 25
teidiger. Der junge Dogsborough. Giri. Givola. Dock-
daisy. Leibwächter. Gemüsehändler und der Angeklagte
Fish.

a

Vor dem Zeugenstuhl steht Manuele Giri und zeigt auf den
Angeklagten Fish, der völlig apathisch* dasitzt.   teilnahmslos

GIRI *schreiend:*

5 Das ist der Mann, der mit verruchter Hand
Den Brand gelegt hat! Die Petroleumkanne
Hielt er an sich gedrückt, als ich ihn stellte.
Steh auf, du, wenn ich mit dir sprech! Steh auf!
Man reißt Fish hoch. Er steht schwankend.

10 DER RICHTER Angeklagter, reißen Sie sich zusammen. Sie
stehen vor Gericht. Sie werden der Brandstiftung
beschuldigt. Bedenken Sie, was für Sie auf dem Spiel
steht!

FISH *lallt:*

15 Arlarlarl.

DER RICHTER

Wo hatten Sie die Petroleumkanne
Bekommen?

FISH

20 Arlarl.

Auf einen Blick des Richters beugt sich ein übereleganter Arzt finsteren Aussehens über Fish und tauscht dann einen Blick mit Giri.

DER ARZT

25 Simuliert.

DER VERTEIDIGER

Die Verteidigung ver-
langt Hinzuziehung anderer Ärzte.

DER RICHTER *lächelnd:*

30 Abgelehnt.

DER VERTEIDIGER

Herr Giri, wie kam es, daß Sie an Ort und Stelle
Waren, als das Feuer im Speicher des Herrn Hook ausbrach, das 22 Häuser in Asche legte?

GIRI

Ich machte einen Verdauungsspaziergang.
*Einige Leibwächter lachen. Giri stimmt in das Lachen
ein.*

DER VERTEIDIGER 5

Ist Ihnen bekannt, Herr Giri, daß der Angeklagte
Fish ein Arbeitsloser ist, der einen Tag vor dem Brand
Zu Fuß nach Chikago kam, wo er zuvor niemals
                          gewesen
War? 10

GIRI

     Was? Wenn?

DER VERTEIDIGER

                Trägt Ihr Auto die Nummer
                        xxxxxxxx? 15

GIRI

Sicher.

DER VERTEIDIGER

        Stand dieses Auto vier Stunden vor dem Brand
Vor Dogsboroughs Restaurant in der 87. Straße und 20
Wurde aus dem Restaurant der Angeklagte Fish in be-
wußtlosem Zustand geschleppt?

GIRI

                       Wie soll ich das
Wissen? Ich war den ganzen Tag auf einer Spazier- 25
fahrt nach Cicero, wo ich 52 Leute traf, die beschwö-
ren können, daß sie mich gesehen haben.
Die Leibwächter lachen.

DER VERTEIDIGER

Sagten Sie nicht eben, daß Sie in Chikago, in 30
Der Gegend der Docks, einen Verdauungsspaziergang
Machten?

GIRI

           Haben Sie was dagegen, daß ich in Cicero
Speise und in Chikago verdaue, Herr? 35

                                                       Der Aufstieg des Arturo Ui

Großes, anhaltendes Gelächter, in das auch der Richter
einstimmt. Dunkel. Eine Orgel spielt ⌜Chopins Trauer-
marschtrio als Tanzmusik⌝.

b
5 *Wenn es wieder hell wird, sitzt der Gemüsehändler Hook*
im Zeugenstuhl.

DER VERTEIDIGER
    Haben Sie mit dem Angeklagten jemals einen Streit
    Gehabt, Herr Hook? Haben Sie ihn überhaupt jemals
10   Gesehen?
HOOK
            Niemals.
DER VERTEIDIGER
            Haben Sie Herrn Giri gesehen?
15 HOOK
    Ja. Im Büro des Karfioltrusts am Tag des Brandes
    Meines Speichers.
DER VERTEIDIGER
        Vor dem Brand?
20 HOOK
                    Unmittelbar vor
    Dem Brand. Er ging mit vier Leuten, die Petroleum-
    kannen trugen, durch das Lokal.
    Unruhe auf der Pressebank* und bei den Leibwächtern. Teil des
                                                             Gerichtssaales
                                                             für die Presse-
25 DER RICHTER   leute
                    Ruhe auf der Presse-
                                bank!

DER VERTEIDIGER
    An welches Grundstück grenzt Ihr Speicher
30   Herr Hook?
HOOK
            An das Grundstück der Reederei vormals
    Sheet. Mein Speicher ist durch einen ⌜Gang⌝ mit dem

Hof der Reederei verbunden.

DER VERTEIDIGER
Ist Ihnen bekannt, Herr Hook, daß Herr Giri
In der Reederei vormals Sheet wohnte und also
Zutritt zum Reedereigelände hat? 5

HOOK
Ja, als Lager-
verwalter.
Große Unruhe auf der Pressebank. Die Leibwächter
machen Buh und nehmen eine drohende Haltung gegen 10
Hook, den Verteidiger und die Presse ein. Der junge
Dogsborough eilt zum Richter und sagt ihm etwas ins
Ohr.

DER RICHTER
R u h e ! Die Verhandlung ist wegen Unwohlseins des 15
Angeklagten vertagt.
Dunkel. Die Orgel spielt wieder Chopins Trauer-
marschtrio als Tanzmusik.

c
Wenn es hell wird, sitzt Hook im Zeugenstuhl. Er ist zu- 20
sammengebrochen, hat einen Stock neben sich und Binden
um den Kopf und über den Augen.

DER ANKLÄGER
Sehen Sie schlecht, Hook?
HOOK *mühsam:* 25
Jawohl.
DER ANKLÄGER
Können Sie
Sagen, daß Sie imstand sind, jemand klar und
Deutlich zu erkennen? 30
HOOK
Nein.

DER ANKLÄGER

Erkennen Sie zum Beispiel
Diesen Mann dort?
Er zeigt auf Giri.

5 HOOK

Nein.

DER ANKLÄGER

Sie können nicht sagen
Daß Sie ihn jemals gesehen haben?

10 HOOK

Nein.

DER ANKLÄGER

Nun eine sehr wichtige Frage, Hook. Überlegen
Sie genau, bevor Sie sie beantworten. Die Frage
15 Lautet: Grenzt Ihr Speicher an das Grundstück
Der Reederei vormals Sheet?

HOOK *nach einer Pause:*

Nein.

DER ANKLÄGER

20

Das ist alles.
Dunkel. Die Orgel spielt weiter.

e
*Wenn es wieder hell wird, sitzt Giuseppe Givola im Zeu-
genstuhl. Unweit steht der Leibwächter Greenwool.*

25 DER ANKLÄGER

Es ist hier behauptet worden, daß im Büro des
Karfioltrusts einige Leute Petroleumkannen hinaus-
getragen haben sollen, bevor die Brandstiftung er-
folgte. Was wissen Sie davon?

30 GIVOLA

Es kann sich nur um
Herrn Greenwool handeln.

DER ANKLÄGER

              Herr Greenwool ist Ihr An-
gestellter, Herr Givola?

GIVOLA

           Jawohl.   5

DER ANKLÄGER

            Was sind Sie von
Beruf, Herr Givola?

GIVOLA

         Blumenhändler.   10

DER ANKLÄGER

               Ist das ein
Geschäft, in dem ein ungewöhnlich großer Gebrauch
Von Petroleum gemacht wird?

GIVOLA *ernst:*   15

             Nein. Nur gegen Blatt-
                  läuse.

DER ANKLÄGER

Was machte Herr Greenwool im Büro des Karfioltrusts?   20

GIVOLA

    Er trug ein Lied vor.

DER ANKLÄGER

           Er kann also nicht
Gleichzeitig Petroleumkannen zum Speicher des Hook   25
Geschafft haben.

GIVOLA

Völlig unmöglich. Er ist charakterlich nicht der
Mann, der Brandstiftungen begeht. Er ist ein Bariton.

DER ANKLÄGER   30

Ich stelle es dem Gericht anheim, den Zeugen
             Greenwool
Das schöne Lied singen zu lassen, das er im Büro
Des Karfioltrusts sang, während der Brand gelegt
Wurde.   35

DER RICHTER
        Der Gerichtshof hält es nicht für nötig.

GIVOLA
  Ich protestiere.

5   *Er erhebt sich.*

               's ist unerhört, wie hier gehetzt
  Wird; Jungens, waschecht im Blut, nur in zu vielem
  Licht ein wenig schießend, werden hier behandelt
  Als dunkle Existenzen. 's ist empörend.

10 *Gelächter. Dunkel. Die Orgel spielt weiter.*

f

*Wenn es wieder hell wird, zeigt der Gerichtshof alle An-
zeichen völliger Erschöpfung.*

DER RICHTER Die Presse hat Andeutungen darüber ge-
15   bracht, daß der Gerichtshof von gewisser Seite einem
    Druck ausgesetzt sein könnte. Der Gerichtshof stellt
    fest, daß er von keiner Seite irgendeinem Druck ausge-
    setzt wurde und in völliger Freiheit amtiert. Ich denke,
    diese Erklärung genügt.

20 DER ANKLÄGER Euer Ehren! Angesichts des verstockt eine
    Dementia simulierenden* Angeklagten Fish hält die An-
    klage weitere Verhöre mit ihm für unmöglich. Wir bean-
    tragen also...

                                        Schwach-
                                        sinnigkeit
                                        vortäusch-
                                        enden

DER VERTEIDIGER Euer Ehren! Der Angeklagte kommt zu
25   sich!

    Unruhe.

FISH *scheint aufzuwachen:* Arlarlwarlassrlarlawassarl.

DER VERTEIDIGER Wasser! Euer Ehren, ich beantrage das
    Verhör des Angeklagten Fish!

30 *Große Unruhe.*

DER ANKLÄGER Ich protestiere! Keinerlei Anzeichen deu-
    ten darauf hin, daß der Fish bei klarem Verstand ist. Es
    ist alles Mache der Verteidigung, Sensationshascherei,
    Beeinflussung des Publikums!

FISH Wasser. *Er wird gestützt vom Verteidiger und steht auf.*

DER VERTEIDIGER Können Sie antworten, Fish?

FISH Jarl.

DER VERTEIDIGER Fish, sagen Sie dem Gericht: Haben Sie am 28. vorigen Monats einen Gemüsespeicher an den Docks in Brand gesteckt, ja oder nein?

FISH Neiwein.

DER VERTEIDIGER Wann sind Sie nach Chikago gekommen, Fish?

FISH Wasser.

DER VERTEIDIGER Wasser!

Unruhe. Der junge Dogsborough ist zum Richter getreten und redet auf ihn erregt ein.

GIRI *steht breit auf und brüllt:* Mache! Lüge! Lüge!

DER VERTEIDIGER Haben Sie diesen Mann *er zeigt auf Giri* früher gesehen?

FISH Ja. Wasser.

DER VERTEIDIGER Wo? War es in Dogsboroughs Restaurant an den Docks?

FISH *leise:* Ja.

Große Unruhe. Die Leibwächter ziehen die Brownings und buhen. Der Arzt kommt mit einem Glas gelaufen. Er flößt den Inhalt Fish ein, bevor der Verteidiger ihm das Glas aus der Hand nehmen kann.

DER VERTEIDIGER Ich protestiere! Ich verlange Untersuchung des Glases hier!

DER RICHTER *wechselt mit dem Ankläger Blicke:* Antrag abgelehnt.

DER VERTEIDIGER

Euer Ehren!

Man will den Mund der Wahrheit, den mit Erd

Man nicht zustopfen kann, hier mit Papier

Zustopfen, einem Urteil Euer Ehren*

Als hoffte man, Ihr wäret Euer Schanden!

Korrekte
Anrede eines
Richters

⌐Man schreit hier der Justiz zu: Hände hoch!⌐
Soll unsre Stadt, in einer Woch gealtert
Seit sie sich stöhnend dieser blutigen Brut
Nur weniger Ungetüme wehren muß
5   Jetzt auch noch die Justiz geschlachtet sehn
Nicht nur geschlachtet, auch geschändet, weil
Sich der Gewalt hingebend? Euer Ehren
Brecht dies Verfahren ab!

DER ANKLÄGER

10   Protest! Protest!

GIRI
Du Hund! Du ganz bestochner Hund! Du Lügner!
Giftmischer selbst! Komm nur heraus von hier
Und ich reiß dir die Kutteln* aus! Verbrecher!   (salopp) Inne-
                                                     reien, Einge-
15 DER VERTEIDIGER   weide
Die ganze Stadt kennt diesen Mann!

GIRI *rasend:*

                          Halt's Maul!
Da der Richter ihn unterbrechen will.
20 Auch du! Auch du halt's Maul! Wenn dir dein Leben lieb
ist!
*Da er nicht mehr Luft bekommt, gelingt es dem Richter,
das Wort zu ergreifen.*

DER RICHTER Ich bitte um Ruhe! Der Verteidiger wird
25 wegen Mißachtung des Gerichts sich zu verantworten
haben. Herrn Giris Empörung ist dem Gericht sehr
verständlich. *Zum Verteidiger:* Fahren Sie fort!

DER VERTEIDIGER Fish! Hat man Ihnen in Dogsboroughs
Restaurant zu trinken gegeben? Fish! Fish!

30 FISH *schlaff den Kopf sinken lassend:* Arlarlarl.

DER VERTEIDIGER Fish! Fish! Fish!

GIRI *brüllend:*
Ja, ruf ihn nur! Der Pneu* ist leider platt!   (franz.) Auto-
Wolln sehn, wer Herr ist hier in dieser Stadt!   reifen
35 *Unter großer Unruhe wird es dunkel. Die Orgel spielt
weiter Chopins Trauermarschtrio als Tanzmusik.*

g

Wenn es zum letzten Mal hell wird, steht der Richter und
verkündet mit tonloser Stimme das Urteil. Der Angeklagte
Fish ist kalkweiß.

(meist unter-
irdisches)
Gefängnis

DER RICHTER Charles Fish, wegen Brandstiftung verur- 5
teile ich Sie zu fünfzehn Jahren Kerker*.

Eine Schrift taucht auf:
⌐IN EINEM GROSSEN PROZESS, DEM REICHSTAGSBRAND-
PROZESS, VERURTEILTE DAS REICHSGERICHT ZU LEIPZIG
EINEN GEDOPTEN ARBEITSLOSEN ZUM TOD. DIE BRAND- 10
STIFTER GINGEN FREI AUS.⌐

9a

Cicero. Aus einem zerschossenen Lastkraftwagen klettert
eine blutüberströmte Frau und taumelt nach vorn.

DIE FRAU   15
    Hilfe! Ihr! Lauft nicht weg! Ihr müßt's bezeugen!

(salopp) tot
    Mein Mann im Wagen dort ist hin*! Helft! Helft!
    Mein Arm ist auch kaputt... und auch der Wagen!
    Ich bräucht 'nen Lappen für den Arm... Sie schlachten
                                        uns 20
    Als wischten sie von ihrem Bierglas Fliegen!
    O Gott! So helft doch! Niemand da... Mein Mann!
    Ihr Mörder! Aber ich weiß, wer's ist! Es ist
    Der Ui!
    Rasend.   25
        Untier! Du Abschaum allen Abschaums!
    Du Dreck, vor dem's dem Dreck graust, daß er sagt:

Wo wasch ich mich? Du Laus der letzten Laus!
Und alle dulden's! Und wir gehen hin!
Ihr! 's ist der Ui! Der Ui!
In unmittelbarer Nähe knattert ein Maschinengewehr,
5 *und sie bricht zusammen.*
                        Ui und der Rest!
Wo seid ihr? Helft! Stoppt keiner diese Pest?

9

Dogsboroughs Landhaus. Nacht gegen Morgen. Dogsbo-
10 *rough schreibt sein Testament und Geständnis.*

DOGSBOROUGH
    So habe ich, der ehrliche Dogsborough
    In alles eingewilligt, was dieser blutige Gang
    Angezettelt und verübt, nachdem ich achtzig
15 Winter mit Anstand getragen hatt. O Welt!
    Ich hör, die mich von früher kennen, sagen
    Ich wüßt von nichts, und wenn ich's wüßt, ich wurd
    Es niemals dulden. Aber ich weiß alles.
    Weiß, wer den Speicher Hooks anzündete.
20 Weiß, wer den armen Fish verschleppte und betäubte.
    Weiß, daß der Roma bei dem Sheet war, als
    Der blutig starb, im Rock das Schiffsbillett.
    Weiß, daß der Giri diesen Bowl abschoß
    An jenem Mittag vor dem Stadthaus, weil
25 Er zuviel wußt vom ehrlichen Dogsborough.
    Weiß, daß er Hook erschlug, und sah ihn mit Hooks
                                        Hut.
    Weiß von fünf Morden des Givola, die ich   die ich diesem
    Beiliegend anführ*, und weiß alles vom Ui und daß Schreiben
                                                       beifüge

Der alles wußt, von Sheets und Bowls Tod bis zu
Den Morden des Givola und alles vom Brand.
Dies alles wußt ich, und dies alles hab ich
Geduldet, ich, euer ehrlicher Dogsborough, aus Gier
Nach Reichtum und aus Angst, ihr zweifelt an mir. 5

IO

*Mamouthhotel. Suite des Ui. Ui liegt in einem tiefen Stuhl
und stiert* *in die Luft. Givola schreibt etwas, und zwei
Leibwächter schauen ihm grinsend über die Schulter.*

blickt starr

GIVOLA   10
So hinterlaß ich, Dogsborough, dem guten
Fleißigen Givola meine Kneipe, dem tapfern
Nur etwas hitzigen Giri hier mein Landhaus
Dem biedern Roma meinen Sohn. Ich bitt euch
Den Giri zum Richter zu machen und den Roma   15
Zum Polizeichef, meinen Givola aber
Zum Armenpfleger. Ich empfehl euch herzlich
Arturo Ui für meinen eigenen Posten.
Er ist seiner würdig. Glaubt das eurem alten
Ehrlichen Dogsborough! – Ich denk, das reicht.   20
Und hoff, er kratzt bald ab*. – Dies Testament
Wird Wunder wirken. Seit man weiß, er stirbt
Und hoffen kann, den Alten halbwegs schicklich*
In saubre Erd zu bringen, ist man fleißig
Beir Leichenwäscherei. Man braucht 'nen Grabstein   25
Mit hübscher Inschrift. Das Geschlecht der Raben
Lebt ja seit alters von dem guten Ruf
Des hochberühmten weißen Raben*, den
Man irgendwann und irgendwo gesehn hat.

(derb) er stirbt
bald

den gesell-
schaftlichen
Regeln
entsprechend

Antikes Bild
für etwas sehr
Unwahrschein-
liches

Der Alte ist nun mal ihr weißer Rabe
So sieht ihr weißer Rabe nun mal aus.
Der Giri, Chef, ist übrigens zuviel
Um ihn, für meinen Geschmack. Ich find's nicht gut.

5 UI *auffahrend:*
Giri? Was ist mit Giri?

GIVOLA
                 Ach, ich sage
Er ist ein wenig viel um Dogsborough.

10 UI
Ich trau ihm nicht.
Auftritt Giri, einen neuen Hut auf, Hooks.

GIVOLA
               Ich auch nicht! Lieber Giri
15 Wie steht's mit Dogsboroughs Schlagfluß*?   (veralt.)
                                      Schlaganfall

GIRI
                          Er verweigert
Dem Doktor Zutritt.

GIVOLA
20   Unserm lieben Doktor
Der Fish so schön betreut hat?

GIRI
                    Einen andern
Laß ich nicht ran. Der Alte quatscht zuviel.

25 UI
Vielleicht wird auch vor ihm zuviel gequatscht...

GIRI
Was heißt das?
Zu Givola:
30   Hast du Stinktier dich hier wieder
Mal ausgestunken?

GIVOLA *besorgt:*
                 Lies das Testament
Mein lieber Giri!

GIRI *reißt es ihm heraus:*
                    Was, der Roma Polizeichef?
Seid ihr verrückt?

GIVOLA
                         Er fordert's. Ich bin auch   5
Dagegen, Giri. Unserm Roma kann man
Leider nicht übern Weg trauen.
Auftritt Roma, gefolgt von Leibwächtern.

GIVOLA
                         Hallo, Roma!   10
Lies hier das Testament!

ROMA *reißt es Giri heraus:*
                    Gib her! So, Giri
Wird Richter. Und wo ist der Wisch* des Alten?

GIRI   15
Er hat ihn noch und sucht ihn rauszuschmuggeln.
Fünfmal schon hab ich seinen Sohn ertappt.

ROMA *streckt die Hand aus:*
Gib ihn raus, Giri.

GIRI   20
                    Was? Ich hab ihn nicht.

ROMA
Du hast ihn, Hund.
Sie stehen sich rasend gegenüber.

ROMA   25
                         Ich weiß, was du da planst.
Die Sach mit Sheet drin geht mich an.

GIRI
                              's ist auch
Die Sach mit Bowl drin, die mich angeht!   30

ROMA
                              Sicher.
Aber ihr seid Schurken und ich bin ein Mann.
Ich kenn dich, Giri, und dich, Givola, auch!
Dir glaub ich nicht einmal dein kurzes Bein.   35

Wertloses
Schriftstück;
hier: das Testa-
ment Dogsbo-
roughs

84   Der Aufstieg des Arturo Ui

Warum treff ich euch immer hier? Was plant ihr?
Was zischeln sie dir über mich ins Ohr, Arturo?
Geht nicht zu weit, ihr! Wenn ich etwas merk
Wisch ich euch alle aus wie blutige Flecken!

5 GIRI
Red du zu mir nicht wie zu Meuchelmördern*!   hinterhältigen
                                                Mördern
ROMA *zu den Leibwächtern:*
Da meint er euch! So redet man von euch jetzt!
Im Hauptquartier! Als von den Meuchelmördern!
10 Sie sitzen mit den Herrn vom Karfioltrust
auf Giri deutend
– das Seidenhemd kommt von Clarks Schneider –
Ihr macht ihre schmutzige Arbeit.
Zum Ui:
15   Und du duldest's.
UI *wie aufwachend:*
Was duld ich?
GIVOLA
              Daß er Lastwagen von Caruther
20 Beschießen läßt! Caruther ist im Trust.
UI
Habt ihr Lastwagen Caruthers angeschossen?
ROMA
Das war nur eine eigenmächtige Handlung
25 Von ein paar Leuten von mir. Die Jungens können
Nicht immer verstehn, warum stets nur die kleinen
Verreckerläden schwitzen und bluten sollen
Und nicht die protzigen* Garagen auch.   angeberischen
Verdammt, ich selbst versteh's nicht immer, Arturo!
30 GIVOLA
Der Trust rast* jedenfalls.   ist außer sich
                                               vor Wut
GIRI
                        Clark sagte gestern
Sie warten nur, daß es noch einmal vorkommt.
35 Er war beim Dogsborough deshalb.

UI *mißgelaunt:*
Ernesto
So was darf nicht passieren.
GIRI
Greif da durch, Chef! 5
Die Burschen wachsen dir sonst übern Kopf!
GIVOLA
Der Trust rast, Chef!
ROMA *zieht den Browning, zu den beiden:*
So, Hände hoch! 10
Zu ihren Leibwächtern:
Ihr auch!
Alle die Hände hoch und keine Späße!
Und an die Wand!
Givola, seine Leute und Giri heben die Hände hoch und 15
treten lässig an die Wand zurück.
UI *teilnahmslos:*
Was ist denn los, Ernesto
Mach sie mir nicht nervös! Was streitet ihr?
Ein Schuß auf einen Grünzeugwagen! So was 20
Kann doch geordnet werden. Alles sonst
Geht wie geschmiert und ist in bester Ordnung.
Der Brand war ein Erfolg. Die Läden zahlen.
Dreißig Prozent für etwas Schutz! In weniger
Als einer Woche wurd ein ganzer Stadtteil 25
Aufs Knie gezwungen*. Keine Hand erhebt sich
Mehr gegen uns. Und ich hab weitere
Und größere Pläne.
GIVOLA *schnell:*
Welche, möcht ich wissen! 30
GIRI
Scheiß auf die Pläne! Sorg, daß ich die Arme
Heruntertun kann!
ROMA
Sicherer, Arturo 35

unterworfen

Wir lassen ihre Arme droben!

GIVOLA

's wird nett aussehn
Wenn Clark hereinkommt und wir stehn so da!
Ernesto, steck den Browning weg!

ROMA

Nicht ich.
Wach auf, Arturo! Siehst du denn nicht, wie sie
Mit dir ihr Spiel treiben? Wie sie dich verschieben
An diese Clarks und Dogsboroughs! »Wenn Clark
Hereinkommt und uns sieht!« Wo sind die Gelder
Der Reederei? Wir sehen nichts davon.
Die Jungens knallen in die Läden, schleppen
Kannen nach Speichern, seufzend: Der Arturo
Kennt uns nicht mehr, die alles für ihn machten.
Er spielt den Reeder und den großen Herrn.
Wach auf, Arturo!

GIRI

Ja, und kotz dich aus
Und sag uns, wo du stehst*. auf wessen
Seite du stehst

UI *springt auf:*

Heißt das, ihr setzt
Mir die Pistole auf die Brust? Nein, so
Erreicht man bei mir gar nichts. So nicht. Wird mir
Gedroht, dann hat man alles Weitere sich
Selbst zuzuschreiben. Ich bin ein milder Mann.
Doch Drohungen vertrag ich nicht. Wer nicht
Mir blind vertraut, kann seines Wegs gehn. Und
Hier wird nicht abgerechnet. Bei mir heißt es:
Die Pflicht getan, und bis zum Äußersten!
Und ich sag, was verdient wird; denn Verdienen
Kommt nach dem Dienen! Was ich von euch fordre
Das ist Vertraun und noch einmal Vertraun!
⌈Euch fehlt der Glaube!⌉ Und wenn dieser fehlt
Ist alles aus. Warum konnt ich das alles

Schaffen, was meint ihr? Weil ich den Glauben hatte!
Weil ich fanatisch glaubte an die Sache!
Und mit dem Glauben, nichts sonst als dem Glauben
Ging ich heran an diese Stadt und hab
Sie auf die Knie gezwungen. Mit dem Glauben kam ich   5
Zum Dogsborough, und mit dem Glauben trat ich
Ins Stadthaus ein. In nackten Händen nichts
Als meinen unerschütterlichen Glauben!

ROMA

                              Und   10
Den Browning!

UI

                    Nein. Den haben andre auch.
Doch was sie nicht haben, ist der feste Glaube
Daß sie zum Führer vorbestimmt sind. Und so müßt ihr   15
Auch an mich glauben! Glauben müßt ihr, glauben!
Daß ich das Beste will für euch und weiß
Was dieses Beste ist. Und damit auch
Den Weg ausfind, der uns zum Sieg führt. Sollte
Der Dogsborough abgehn, werde ich bestimmen   20
Wer hier was wird. Ich kann nur eines sagen:
Ihr werdet zufrieden sein.

GIVOLA *legt die Hand auf die Brust:*
                              Arturo!

ROMA *mürrisch:*   25
                              Schwingt euch!
*Giri, Givola und die Leibwächter des Givola gehen,
Hände hoch, langsam hinaus.*

GIRI *im Abgehen zu Roma:*
Dein Hut gefällt mir.   30

GIVOLA *im Abgehen:*
                    Teurer Roma...

ROMA
                              Ab!
Vergiß das Lachen nicht, Clown Giri, und   35

Dieb Givola, nimm deinen Klumpfuß* mit
Wenn du auch den bestimmt gestohlen hast!
Wenn sie draußen sind, fällt Ui in sein Brüten zurück.

(med.)
Missbildung
des Fußes

UI

5   Laß mich allein!

ROMA

Arturo, wenn ich nicht
Grad diesen Glauben hätt an dich, den du
Beschrieben hast, dann wüßt ich manchmal nicht
10   Wie meinen Leuten in die Augen blicken.
Wir müssen handeln! Und sofort! Der Giri
Plant Schweinerein!

UI

Ernesto! Ich plan neue
15   Und große Dinge jetzt. Vergiß den Giri!
Ernesto, dich als meinen ältsten Freund
Und treuen Leutnant will ich nunmehr einweihn
In meinen neuen Plan, der weit gediehn ist.

ROMA *strahlend:*

20   Laß hören! Was ich dir zu sagen hab
Betreffs des Giri, kann auch warten.
Er setzt sich zu ihm. Seine Leute stehen wartend in der Ecke.

UI

25   Wir sind
Durch mit Chikago*. Ich will mehr haben.

Chicago
haben wir
erledigt.

ROMA

Mehr?

UI

30   's gibt nicht nur hier Gemüsehandel.

ROMA

Nein.
Nur, wie woanders reinstiefeln?

UI

35   Durch die Fronttür.

Und durch die Hintertür. Und durch die Fenster.
Verwiesen und geholt, gerufen und verschrien.
Mit Drohn und Betteln, Werben und Beschimpfen.
Mit sanfter Gewalt und stählerner Umarmung.
Kurz, so wie hier.   5

ROMA

               Nur: anderswo ist's anders.

UI

Ich denk an eine förmliche Generalprob
In einer kleinen Stadt. Dann wird sich zeigen   10
Ob's anderswo anders ist, was ich nicht glaub.

ROMA

Wo willst du die Generalprob steigen lassen?

UI

In Cicero.   15

ROMA

       Aber dort ist dieser Dullfeet
Mit seiner Zeitung für Gemüsehandel
Und innere Sammlung, der mich jeden Samstag
Sheets Mörder schimpft.   20

UI

                 Das müßt aufhörn.

ROMA

                         Es könnt.
So'n Zeitungsschreiber hat auch Feinde.   25
               Druckerschwärze
Macht manchen rot sehn. Mich zum Beispiel. Ja
Ich denk, das Schimpfen könnt aufhörn, Arturo.

UI

's müßt bald aufhörn. Der Trust verhandelt schon   30
Mit Cicero. Wir wolln zunächst ganz friedlich
Karfiol verkaufen.

ROMA

            Wer verhandelt?

Clark.

Doch hat er Schwierigkeiten. Wegen uns.

ROMA

5   So. Also Clark ist auch drin. Diesem Clark
Trau ich nicht übern Weg.

UI

Man sagt in Cicero:

Wir folgen dem Karfioltrust wie sein Schatten.
10 Man will Karfiol. Doch will man nicht auch uns.
Den Läden graust vor uns und nicht nur ihnen:
Die Frau des Dullfeet führt in Cicero
Seit vielen Jahren ein Importgeschäft
Für Grünzeug und ging' gern in den Karfioltrust.
15 Wenn wir nicht wären, wär sie wohl schon drin.

ROMA

So stammt der Plan, nach Cicero vorzustoßen
Gar nicht von dir? 's ist nur ein Plan des Trusts?
Arturo, jetzt versteh ich alles. Alles!
20 's ist klar, was da gespielt wird!

UI

Wo?

ROMA

Im Trust!

25 In Dogsboroughs Landhaus! Dogsboroughs Testament!
Das ist bestellt vom Trust! Sie wolln den Anschluß
Von Cicero. Du stehst im Weg. Wie aber
Dich abservieren? Du hast sie in der Hand:
Sie brauchten dich für ihre Schweinerein
30 Und duldeten dafür, was du getan hast.
Was mit dir tun? Nun, Dogsborough gesteht!   bereut, büßt,
Der Alte kriecht mit Sack und Asch in die Kiste*.   leistet Abbitte
Drumrum steht der Karfiol und nimmt gerührt   und stirbt
Aus seinen Kluven* dies Papier und liest's   Klauen,
35 Schluchzend der Presse vor: Wie er bereut   Krallen

Und ihnen dringlich anbefiehlt, die Pest
Ihnen eingeschleppt von ihm – ja, er gesteht's –
Jetzt auszutilgen und zurückzukehren
Zum alten ehrlichen Karfiolgeschäft.
Das ist der Plan, Arturo. Drin sind alle: 5
Der Giri, der den Dogsborough Testamente
Schmiern läßt und mit dem Clark befreundet ist
Der Schwierigkeiten wegen uns in Cicero hat
Und keinen Schatten haben will beim Geldschaufeln.
Der Givola, der Aas wittert. – Dieser Dogsborough   10
Der alte ehrliche Dogsborough, der da
Verräterische Wische schmiert, die dich

sonst wird es misslingen — Mit Dreck bewerfen, muß zuerst weg, sonst
Ist's Essig*, du, mit deinem Ciceroplan!

UI   15

Verschwörung — Du meinst, 's ist ein Komplott*? 's ist wahr, sie ließen
Mich nicht an Cicero ran. Es fiel mir auf.

ROMA
Arturo, ich beschwör dich, laß mich diese
Sach ordnen! Hör mir zu: Ich spritze heut noch   20
Mit meinen Jungens nach Dogsboroughs Landhaus, hol
Den Alten raus, sag ihm, zur Klinik, und liefer
Prächtiges Grabmal — Ihn ab im Mausoleum*. Fertig.

UI
                                 Aber   25
Der Giri ist im Landhaus.

ROMA
                         Und er kann
Dort bleiben.
Sie sehen sich an.   30

ROMA
Das kann gleichzeitig erledigt werden. —   's ist ein Aufwaschen*.

UI
                          Givola?

ROMA

    Besuch ich auf dem Rückweg. Und bestell
    In seiner Blumenhandlung dicke Kränze
    Für Dogsborough. Und für den lustigen Giri.
5   Ich zahl in bar.
    Er zeigt auf seinen Browning.

UI

            Ernesto, dieser Schandplan
    Der Dogsboroughs und Clarks und Dullfeets, mich
10   Aus dem Geschäft in Cicero zu drängen
    Indem man mich kalt zum Verbrecher stempelt
    Muß hart vereitelt* werden. Ich vertrau   verhindert
    Auf dich.

ROMA

15   Das kannst du. Nur, du mußt dabei sein
    Bevor wir losgehn, und die Jungens aufpulvern*   aufwiegeln
    Daß sie die Sach im richtigen Licht sehn. Ich
    Bin nicht so gut im Reden.

UI *schüttelt ihm die Hand:*

20   Einverstanden.

ROMA

    Ich hab's gewußt, Arturo! So, nicht anders
    Mußt die Entscheidung fallen. Was, wir beiden!
    Wie, du und ich! 's ist wie in alten Zeiten!
25   *Zu seinen Leuten:*
    Arturo ist mit uns! Was hab ich euch gesagt?

UI

    Ich komm.

ROMA

30   Um elf.

UI

        Wohin?

ROMA

        In die Garage.
35   Ich bin ein andrer Mann! ⌜'s wird wieder was gewagt⌝!

Er geht schnell mit seinen Leuten ab.
Ui, auf und ab gehend, legt sich die Rede zurecht, die er
Romas Leuten halten will.

UI

Freunde! Bedauerlicherweise ist mir   5
Zu Ohr gekommen, daß hinter meinem Rücken
Abscheulichster Verrat geplant wird. Leute
Aus meiner nächsten Nähe, denen ich
Zutiefst vertraute, haben sich vor kurzem

verrückt   Zusammengerottet und, von Ehrgeiz toll*   10
Habsüchtig und treulos von Natur, entschlossen
Im Bund mit den Karfiolherrn – nein, das geht nicht –
Im Bund – mit was? Ich hab's: der Polizei
Euch kalt abzuservieren. Ich hör, sogar

Große Geduld   Mir will man an das Leben! Meine Langmut*   15
und Nachsicht   Ist jetzt erschöpft. Ich ordne also an
Daß ihr, unter Ernesto Roma, welcher
Mein volles Vertrauen hat, heut nacht...
Auftreten Clark, Giri und ⌜Betty Dullfeet⌝.

GIRI   *da Ui erschreckt aufsieht:*   20
                                          Nur wir, Chef!

CLARK

Ui, treffen Sie Frau Dullfeet hier aus Cicero!
Es ist der Wunsch des Trusts, daß Sie Frau Dullfeet
Anhören und sich mit ihr einigen.   25

UI   *finster:*
                                          Bitte.

CLARK

Verhand-   Bei den Fusionsverhandlungen*, die zwischen
lungen über   Chikagos Grünzeugtrust und Cicero schweben   30
die Zusam-   Erhob, wie Ihnen ja bekannt ist, Cicero
menlegung   Bedenken gegen Sie als Aktionär.
von Unter-   Dem Trust gelang es schließlich, diesen Einwand
nehmen   Nun zu entkräften, und Frau Dullfeet kommt...

FRAU DULLFEET

Das Mißverständnis aufzuklären. Auch
Für meinen Mann, Herrn Dullfeet, möchte ich
Betonen, daß sein Zeitungsfeldzug kürzlich
5   Nicht Ihnen galt, Herr Ui.

UI

Wem galt er dann?

CLARK

Nun schön, Ui, grad heraus: Der »Selbstmord« Sheets
10   Hat sehr verstimmt in Cicero. Der Mann
Was immer sonst er war, war doch ein Reeder
Ein Mann von Stand und nicht ein Irgendwer
Ein Nichts, das in das Nichts geht*, wozu nichts
Zu sagen ist. Und noch was: Die Garage
15   Caruthers klagt, daß einer ihrer Wagen
Beschädigt wurde. In die beiden Fälle
Ist einer Ihrer Leute, Ui, verwickelt.

*Euphemistisch
für: sterben*

FRAU DULLFEET

Ein Kind in Cicero weiß, der Karfiol
20   Des Trusts ist blutig.

UI

Das ist unverschämt.

FRAU DULLFEET

Nein, nein. 's ist nicht gegen Sie. Nachdem Herr Clark
25   Für Sie gebürgt hat, nicht mehr. Es ist nur dieser
Ernesto Roma.

CLARK *schnell:*

Kalten Kopf*, Ui!

GIRI

30   Cicero …

*Nicht
aufregen!
Ruhig bleiben!*

UI

Das will ich nicht hören. Wofür hält man mich?
Schluß! Schluß! Ernesto Roma ist mein Mann.
Ich laß mir nicht vorschreiben, was für Männer
35   Ich um mich haben darf. Das ist ein Schimpf*

*Üble Nach-
rede, Schande*

Den ich nicht dulde.

GIRI

Chef!

FRAU DULLFEET

Ignatius Dullfeet   5
Wird gegen Menschen wie den Roma kämpfen
Noch mit dem letzten Atemzug.

CLARK *kalt:*

Mit Recht.
Der Trust steht hinter ihm in dieser Sache.   10
Ui, seien Sie vernünftig. Freundschaft und
Geschäft sind zweierlei. Was ist es also?

UI *ebenfalls kalt:*
Herr Clark, ich hab dem nichts hinzuzufügen.

CLARK   15
Frau Dullfeet, ich bedaure diesen Ausgang
Der Unterredung tief.
Im Hinausgehen zu Ui:

Sehr unklug, Ui.
Ui und Giri, allein zurück, sehen sich nicht an.   20

GIRI
Das, nach dem Anschlag auf Caruthers Garage
Bedeutet Kampf. 's ist klar.

UI

Ich fürcht nicht Kampf.   25

GIRI
Schön, fürcht ihn nicht! Du wirst ja nur dem Trust
Der Presse, Dogsborough und seinem Anhang
Gegenüberstehen und der ganzen Stadt!
Chef, horch auf die Vernunft und laß dich nicht...   30

UI
Ich brauche keinen Rat. ⌈Ich kenne meine Pflicht⌉.

Eine Schrift taucht auf:
⌈DER BEVORSTEHENDE TOD DES ALTEN HINDENBURG

LÖSTE IM LAGER DER NAZIS ERBITTERTE KÄMPFE AUS.
TONANGEBENDE KREISE BESTANDEN AUF DER ENTFER-
NUNG ERNST RÖHMS. VOR DER TÜR STAND DIE BESET-
ZUNG ÖSTERREICHS⌐.

5 II

*Garage. Nacht. Man hört es regnen. Ernesto Roma und
der junge Inna. Im Hintergrund Gunleute.*

INNA
     's ist ein Uhr.
10 ROMA
                    Er muß aufgehalten sein.
INNA
     Wär's möglich, daß er zögerte?
ROMA
15   's wär möglich.
     Arturo hangt an seinen Leuten so
     Daß er sich lieber selbst als sie aufopfert.
     Selbst diese Ratten Givola und Giri
     Kann er nicht abtun*. Und dann trödelt er   beiseite
20   Und kämpft mit sich, und es kann zwei Uhr werden   schieben
     Vielleicht auch drei. Doch kommen tut er. Klar.
     Ich kenn ihn, Inna.
     Pause.
                         Wenn ich diesen Giri
25   Am Boden seh, wird mir so leicht sein, wie
     Wenn ich mein Wasser abgeschlagen habe.
     Nun, es wird bald sein.
INNA
                         Diese Regennächte

Zerrn an den Nerven.

ROMA

                    Darum mag ich sie.
Von den Nächten die schwärzesten.
Von den Autos die schnellsten
Und von den Freunden die entschlossensten.

INNA

                              Wie viele
                              Jahre
Kennst du ihn schon?

ROMA

                    An achtzehn.

INNA

                         Das ist lang.

EIN GUNMAN *nach vorn:*
Die Jungens wollen was zum Trinken.

ROMA

                              Nichts.
Heut nacht brauch ich sie nüchtern.
Ein kleiner Mann wird von Leibwächtern hereinge-
führt.

DER KLEINE *atemlos:*

                         Stunk im Anzug!
Zwei Panzerautos halten vorm Revier!
Gespickt mit Polizisten!

ROMA

                    Runter mit
Der Jalousie*! 's hat nichts mit uns zu tun, doch
Vorsicht ist besser als Nachsehn*.
Langsam schließt eine stählerne Jalousie das Garagen-
tor.

ROMA

                         Ist der Gang frei?

INNA *nickt:*
's ist merkwürdig mit Tabak. Wer raucht, sieht
                              kaltblütig aus.

Sichtschutz,
Rolladen

das Nachsehen
haben: zu spät
kommen,
nichts mehr
erreichen

Doch macht man, was einer macht, der kaltblütig ist
Und raucht man, wird man kaltblütig.
ROMA *lächelnd:*

Streck die Hand
aus!

INNA *tut es:*
Sie zittert. Das ist schlecht.
ROMA

Ich find's nicht schlecht.

Von Bullen halt ich nichts. Sind unempfindlich.
Nichts tut ihnen weh und sie tun niemand weh.
Nicht ernstlich. Zitter ruhig! Die stählerne Nadel
Im Kompaß zittert auch, bevor sie sich
Fest einstellt. Deine Hand will wissen, wo
Der Pol ist, das ist alles.
RUF *von seitwärts:*

Polizei-

auto durch Churchstreet!
ROMA *scharf*

Kommt zum Stehn?

DIE STIMME

Geht weiter.

EIN GUNMAN *herein:*
Zwei Wagen ums Eck mit abgeblendetem Licht!
ROMA
's ist gegen Arturo! Givola und Giri
Serviern ihn ab! Er läuft blind in die Falle!
Wir müssen ihm entgegen. Kommt!
EIN GUNMAN

's ist Selbstmord!

ROMA
Und wär es Selbstmord, dann ist's Zeit zum Selbstmord.
Mensch! Achtzehn Jahre Freundschaft!
INNA *mit heller Stimme:*

Panzer hoch!

Habt ihr die Spritze fertig?

GUNMAN

Fertig.

INNA

Hoch!   5

*Die Panzerjalousie geht langsam hoch. Herein kommen
schnellen Ganges Ui und Givola, von Leibwächtern gefolgt.*

ROMA

Arturo!   10

INNA *leise:*

Ja, und Givola!

ROMA

Was ist los?

^{sorgen uns sehr} Wir schwitzen Blut* um dich, Arturo.   15
Lacht laut.

Hölle!

's ist alles in Ordnung!

UI *heiser:*

Warum nicht in Ordnung?   20

INNA

^{nicht in Ordnung} Wir dachten, 's wär was faul*. Du kannst ihm ruhig
Die Hand schütteln, Chef. Er wollte uns soeben

^{für dich kämpfen lassen} Ins Feuer für dich schleppen*. War's nicht so?
Ui geht auf Roma zu und streckt ihm die Hand hin.   25
*Roma ergreift sie lachend. In diesem Augenblick, wo er
nicht nach seinem Browning greifen kann, schießt ihn
Givola blitzschnell von der Hüfte aus nieder.*

UI

Treibt sie ins Eck!   30
*Die Männer des Roma stehen fassungslos und werden,
Inna an der Spitze, in die Ecke getrieben. Givola beugt
sich zu Roma herab, der auf dem Boden liegt.*

GIVOLA

Er schnauft noch.   35

UI

Macht ihn fertig.
Zu denen an der Wand:
Euer schändlicher Anschlag auf mich ist enthüllt.
Auch eure Pläne gegen Dogsborough
Sind aufgedeckt. Ich kam euch da zuvor
In zwölfter Stunde*. Widerstand ist zwecklos.
Ich werd euch lehren, gegen mich aufzumucken*!
Ein nettes Nest!

In letzter
Minute

euch …
aufzulehnen

GIVOLA

Kein einziger unbewaffnet!
Von Roma.
Er kommt noch einmal zu sich: er hat Pech.

UI

Ich bin in Dogsboroughs Landhaus heute nacht.
Er geht schnell hinaus.

INNA *an der Wand:*
Ihr schmutzigen Ratten! Ihr Verräter!

GIVOLA *aufgeregt:*

Schießt!
*Die an der Wand Stehenden werden mit dem Maschi-
nengewehr niedergemäht.*

ROMA *kommt zu sich:*
Givola! Hölle.
Dreht sich schwer, sein Gesicht ist kalkweiß.

Was ging hier vor?

GIVOLA

Nichts.
Ein paar Verräter sind gerichtet*.

als Sühne für
ein Verbre-
chen getötet

ROMA

Hund!
Was hast du gemacht mit meinen Leuten?
Givola antwortet nicht.

ROMA

Was mit Arturo? Mord! Ich wußt es! Hunde!

Ihn auf dem Boden suchend.
Wo ist er?
GIVOLA
           Weggegangen!
ROMA *während er an die Wand geschleppt wird:*
              Hunde! Hunde!
GIVOLA *kühl:*
Mein Bein ist kurz, wie? So ist dein Verstand!
Jetzt geh mit guten Beinen an die Wand!

Eine Schrift taucht auf.
⌐IN DER NACHT DES 30. JUNI 1934 ÜBERFIEL HITLER SEI-
NEN FREUND RÖHM IN EINEM GASTHOF, WO ER HITLER
ERWARTETE, UM MIT IHM EINEN COUP GEGEN HINDEN-
BURG UND GÖRING ZU STARTEN⌐.

12

*Der ⌐Blumenladen⌐ des Givola. Herein Ignatius Dullfeet,
⌐ein Mann, nicht größer als ein Knabe⌐, und Betty Dullfeet.*

DULLFEET
Ich tu's nicht gern.
BETTY
              Warum nicht? Dieser Roma
Ist weg.
DULLFEET
        Durch Mord.
BETTY
              Wie immer! Er ist weg!
Clark sagt von Ui, die stürmischen Flegeljahre*
Welche die Besten durchgehn, sind beendet.

Pubertät
(als Zeit des
rücksichtslosen
Verhaltens)

Ui hat gezeigt, daß er den rauhen Ton
Jetzt lassen will. Ein fortgeführter Angriff
Würd nur die schlechteren Instinkte wieder
Aufwecken, und du selbst, Ignatius, kämst
5   Als erster in Gefahr. Doch schweigst du nun
Verschonen sie dich.

DULLFEET

              Ob mir Schweigen hilft
Ist nicht gewiß.

10   BETTY

            Es hilft. Sie sind nicht Tiere.
Von seitwärts kommt Giri, den Hut Romas auf.

GIRI

Hallo, seid ihr schon da? Der Chef ist drin.
15   Er wird entzückt sein. Leider muß ich weg.
Und schnell. Bevor ich hier gesehen werd:
Ich hab dem Givola einen Hut gestohlen.
*Er lacht, daß die Stukkatur vom Plafond fällt, und geht
winkend hinaus.*

20   DULLFEET

Schlimm, wenn sie grollen, schlimmer, wenn sie lachen.

BETTY

Sprich nicht, Ignatius! Nicht hier!

DULLFEET *bitter:*

25   Und auch
Nicht anderswo.

BETTY

           Was willst du machen? Schon
Spricht Cicero davon, daß Ui die Stellung
30   Des toten Dogsborough bekommen wird.
Und, ärger noch, die Grünzeughändler schwanken
Zum Karfioltrust.

DULLFEET

           Und zwei Druckerei-
35   maschinen sind mir schon zertrümmert. Frau

Ich hab ein schlechtes Vorgefühl.
Herein Givola und Ui mit ausgestreckten Händen.

BETTY

Hallo, Ui.

UI   5

Willkommen, Dullfeet!

DULLFEET

Grad heraus, Herr Ui
Ich zögerte zu kommen, weil…

UI   10

Wieso?
Ein tapferer Mann ist überall willkommen.

GIVOLA

Und so ist's eine schöne Frau!

DULLFEET   15

Herr Ui
Ich fühlte es mitunter meine Pflicht
Mich gegen Sie und…

UI

Mißverständnisse!   20
Hätten Sie und ich von Anfang uns gekannt
Wär's nicht dazu gekommen. Daß im guten
All das erreicht werden soll, was nun einmal
Erreicht werden muß, war stets mein Wunsch.

DULLFEET   25

Gewalt…

UI

Verabscheut keiner mehr als ich. Sie wär
Nicht nötig, wenn der Mensch Vernunft besäße.

DULLFEET   30

Mein Ziel…

UI

Ist ganz das nämliche wie meins.
Wir beide wünschen, daß der Handel blüht.
Lebens-   Der kleine Ladenbesitzer, dessen Los*   35
umstände

Der Aufstieg des Arturo Ui

Nicht grade glänzend ist in diesen Zeiten
Soll sein Gemüse ruhig verkaufen können.
Und Schutz finden, wenn er angegriffen wird.

DULLFEET *fest:*

5 Und frei entscheiden können, ob er Schutz will.
Herr Ui, das ist mein Hauptpunkt.

UI

Und auch meiner.
Er muß frei wählen. Und warum. Weil nur
10 Wenn er den Schützer frei wählt und damit
Auch die Verantwortung an einen abgibt
Den er selbst wählte, das Vertrauen herrscht
Das für den Grünzeughandel ebenso nötig ist
Wie überall sonst. Ich hab das stets betont.

15 DULLFEET

Ich freu mich, das aus Ihrem Mund zu hören.
Auf die Gefahr, Sie zu verstimmen*! Cicero   zu verärgern
Ertrüge niemals Zwang.

UI

20   Das ist verständlich.
Niemand verträgt Zwang ohne Not.

DULLFEET

Ganz offen
Wenn die Fusion* mit dem Karfioltrust je   (lat.) Zusam-
25 Bedeuten würd, daß damit dieser ganze   menschluss
Blutige Rattenkönig eingeschleppt wird, der
Chikago peinigt, könnt ich ihn nie gutheißen.
Pause.

UI

30 Herr Dullfeet. Offenheit gegen Offenheit.
Es mag in der Vergangenheit da manches
Passiert sein, was nicht grad dem allerstrengsten
Moralischen Maßstab standhielt. So was kommt
Im Kampf mitunter vor. Doch unter Freunden
35 Kommt so was eben nicht vor. Dullfeet, was ich

Von Ihnen will, ist nur, daß Sie in Zukunft
Zu mir Vertrauen haben, mich als Freund sehn
Der seine Freund nirgends und nie im Stich läßt.
Und daß Sie, um Genaueres zu erwähnen
In Ihrer Zeitung diese Greuelmärchen   5

Ärger erregen,
zu Unfrieden
führen

Die nur bös Blut machen*, hinfort nicht mehr drucken.
Ich denk, das ist nicht viel.

DULLFEET

             Herr Ui, es ist
Nicht schwer, zu schweigen über das, was nicht   10
Passiert.

UI

       Das hoff ich. Und wenn hin und wieder
Ein kleiner Zwischenfall vorkommen sollte
Weil Menschen nur Menschen sind und keine Engel   15
Dann hoff ich, 's heißt nicht wieder gleich, die Leute
Schießen in der Luft herum und sind Verbrecher.
Ich will auch nicht behaupten, daß es nicht
Vorkommen könnt, daß einer unserer Fahrer
Einmal ein rauhes Wort sagt. Das ist menschlich.   20
Und wenn der oder jener Grünzeughändler
Dem einen oder andern unserer Leute
Ein Bier bezahlt, damit er treu und pünktlich
Den Kohl anfährt, darf's auch nicht gleich wieder
                     heißen: 25

Nichtange-
messenes

Da wird was Unbilliges* verlangt.

BETTY

             Herr Ui
Mein Mann ist menschlich.

GIVOLA   30

             Und als so bekannt.
Und da nun alles friedlich durchgesprochen
Und ganz geklärt ist, unter Freunden, möcht ich
Zu gerne Ihnen meine Blumen zeigen...

                                            Der Aufstieg des Arturo Ui

UI

Nach Ihnen, Dullfeet!
Sie gehen, den Blumenladen Givolas zu besichtigen. Ui
führt Betty, Givola Dullfeet. Sie verschwinden im fol-
genden immer wieder hinter den Blumenarrangements.
Auftauchen Givola und Dullfeet.

GIVOLA

⌐Dies, teurer Dullfeet, sind japanische Eichen.

DULLFEET

Ich seh, sie blühn an kleinen runden Teichen.

GIVOLA

Mit blauen Karpfen, schnappend nach den Krumen.

DULLFEET

's heißt: Böse Menschen lieben keine Blumen.
Sie verschwinden. Auftauchen Ui und Betty.

BETTY

Der starke Mann ist stärker ohne Gewalt.

UI

Der Mensch versteht einen Grund nur, wenn er knallt.

BETTY

Ein gutes Argument wirkt wundervoll.

UI

Nur nicht auf den, der etwas hergeben soll.

BETTY

Mit Browning und mit Zwang, mit Trug und Trick…

UI

Ich bin ein Mann der Realpolitik*.
Sie verschwinden. Auftauchen Givola und Dullfeet.

DULLFEET

Die Blumen kennen keine bösen Triebe.

GIVOLA

Das ist es ja, warum ich Blumen liebe.

DULLFEET

Sie leben still vom Heute in das Morgen.

Pragmatische
Politik, die
nicht nach
unerreichbaren
Zielen strebt

GIVOLA *schelmisch:*
Kein Ärger. Keine Zeitung – keine Sorgen.
Sie verschwinden. Auftauchen Ui und Betty.

BETTY

anspruchslos, diszipliniert

Man sagt, Herr Ui, ⌜Sie leben so spartanisch*⌝.   5

UI

Hier: Alkohol

Mein Abscheu vor Tabak und Sprit* ist panisch.

BETTY
Vielleicht sind Sie ein Heiliger am End?

UI   10
Ich bin ein Mann, der keine Lüste kennt.
Sie verschwinden. Auftauchen Givola und Dullfeet.

DULLFEET
's ist schön, so unter Blumen hinzuleben.

GIVOLA   15
's wär schön. Nur gibt's noch anderes daneben!
Sie verschwinden. Auftauchen Ui und Betty.

BETTY
⌜Herr Ui, wie halten Sie's mit der Religion?⌝

UI   20
Ich bin ein Christ. Das muß genügen.

BETTY
                                      Schon.
Jedoch die zehn Gebote, woran wir hängen…?

UI   25
Solln sich nicht in den rauhen Alltag mengen!

BETTY
Verzeihn Sie, wenn ich Sie weiter plage:
Wie steht's, Herr Ui, mit der sozialen Frage?

UI   30
Ich bin sozial, was man draus sehen kann:

Ich bitte mitunter auch die Reichen zur Kasse.

Ich zieh mitunter auch die Reichen ran*.
Sie verschwinden. Auftauchen Givola und Dullfeet.

DULLFEET
Auch Blumen haben ja Erlebnisse.   35

GIVOLA

Und ob! Begräbnisse! Begräbnisse!

DULLFEET

Oh, ich vergaß, die Blumen sind Ihr Brot*.

5 GIVOLA

Ganz recht. Mein bester Kunde ist der Tod.

DULLFEET

Ich hoff, Sie sind auf ihn nicht angewiesen.

GIVOLA

10 Nicht bei den Leuten, die sich warnen ließen.

DULLFEET

Herr Givola, Gewalt führt nie zum Ruhme.

GIVOLA

Jedoch zum Ziel. ⌈Wir sprechen durch die Blume⌉.

15 DULLFEET

Gewiß.

GIVOLA

     Sie sehn so blaß aus.

DULLFEET

20   's ist die Luft.

GIVOLA

Freund, Sie vertragen nicht den Blumenduft.

Sie verschwinden. Auftauchen Ui und Betty.

BETTY

25 Ich bin so froh, daß ihr euch nun versteht.

UI

Wenn man erst einmal weiß, worum es geht...

BETTY

Freundschaften, die in Wind und Wetter* reifen...

30 UI *legt ihr die Hand auf die Schulter:*

Ich liebe Frauen, welche schnell begreifen⌉.

Auftauchen Givola und Dullfeet, der kalkweiß ist. Er sieht die Hand Uis auf der Schulter seiner Frau.

DULLFEET

35 Betty, wir gehn.

---

der Blumen-
verkauf ist Ihr
Lebensunter-
halt

in schlechten
Zeiten, unter
Gefahren

UI *auf ihn zu, streckt ihm die Hand hin:*
                    Herr Dullfeet, Ihr Entschluß
Ehrt Sie. Er wird zum Wohle Ciceros dienen.
Daß solche Männer wie wir beide uns
Gefunden haben, kann nur günstig sein.   5
GIVOLA *gibt Betty Blumen:*
Schönheit der Schönheit!
BETTY
                         Sieh die Pracht, Ignatius!
Ich bin so froh. Auf bald, Herr Ui!   10
Sie gehen.
GIVOLA
                         Das kann
Jetzt endlich klappen.
UI *finster:*   15
                    Mir mißfällt der Mann.

Eine Schrift taucht auf:
⌐UNTER HITLERS ZWANG WILLIGTE DER ÖSTERREICHI-
SCHE KANZLER ENGELBERT DOLLFUSS IM JAHRE 1934
EIN, DIE ANGRIFFE DER ÖSTERREICHISCHEN PRESSE GE-   20
GEN NAZIDEUTSCHLAND ZUM SCHWEIGEN ZU BRINGEN⌐.

13

Hinter einem Sarg, der unter Glockengeläute in das Mau-
soleum von Cicero getragen wird, schreiten Betty Dullfeet
in Witwenkleidung, Clark, Ui, Giri und Givola, die letz-   25
teren große Kränze in den Händen. Ui, Giri und Givola
bleiben, nachdem sie ihre Kränze abgegeben haben, vor
dem Mausoleum zurück. Von dort hört man die Stimme
Pfarrers *des Pastors*.*

STIMME

So kommt der sterbliche Rest Ignatius Dullfeets
Zur Ruhe hier. Ein Leben, arm an Gewinst*   (veralt.) arm an
Doch reich an Müh, ist um. Viel Müh ist um   Gewinn
5 Mit diesem Leben, Müh, gespendet nicht
Für den, der sie gespendet und der nun   Euphemistisch
Gegangen* ist. Am Rock* Ignatius Dullfeets   für: gestorben
Wird an der Himmelspforte der Pförtnerengel   Gehrock
Die Hand auf eine abgewetzte Stell
10 Der Schulter legen und sagen: Dieser Mann
Trug manchen Mannes Last. Im Rat der Stadt
Wird bei den Sitzungen der nächsten Zeit
Oft eine kleine Stille sein, wenn alle
Gesprochen haben. Man wird warten, daß
15 Ignatius Dullfeet nunmehr spricht. So sehr
Sind seine Mitbürger gewohnt, auf ihn
Zu hören. 's ist, als ob der Stadt Gewissen
Gestorben wär. Denn von uns schied ein Mensch
Uns sehr zur Unzeit, der den graden Weg
20 Blind gehen konnt, das Recht auswendig wußt.
Der körperlich kleine, geistig große Mann
Schuf sich in seiner Zeitung eine Kanzel*   Erhöhtes
Von der aus seine klare Stimme über   Rednerpult des
Die Stadtgrenz weit hinaus vernehmlich war.   Pfarrers in der
25 Ignatius Dullfeet, ruh in Frieden! Amen.   Kirche

GIVOLA

Ein Mann mit Takt*: nichts von der Todesart!   Feingefühl
GIRI *den Hut Dullfeets auf:*
Ein Mann mit Takt? Ein Mann mit sieben Kindern!
30 *Aus dem Mausoleum kommen Clark und Mulberry.*

CLARK

Verdammt! Steht ihr hier Wache, daß die Wahrheit
Auch nicht am Sarg zu Wort kommt?

GIVOLA

35   Teurer Clark

schroff, unfreundlich, abweisend

Warum so barsch*? Der Ort, an dem Sie stehen
Sollt Sie besänftigen. Und der Chef ist heute
Nicht bei Humor. Das ist kein Ort für ihn.

MULBERRY

Ihr Schlächter! Dieser Dullfeet hielt sein Wort   5
Und schwieg zu allem!

GIVOLA

                   Schweigen ist nicht genug.
Wir brauchen Leute hier, nicht nur bereit
Für uns zu schweigen, sondern auch für uns   10
Zu reden, und das laut!

MULBERRY

                Was konnt er reden
Als daß ihr Schlächter seid!

GIVOLA   15

                Er mußte weg.
Denn dieser kleine Dullfeet war die Pore
Durch die dem Grünzeughandel immer mal wieder
Der Angstschweiß ausbrach. 's war nicht zu ertragen
Wie es nach Angstschweiß stank!   20

GIRI

                Und euer Karfiol?
Soll er nach Cicero oder soll er nicht hin?

MULBERRY

Durch Schlächtereien nicht!   25

GIRI

                Und wodurch dann?
Wer frißt am Kalb mit, das wir schlachten, he?
Das hab ich gern: Nach Fleisch schrein und den Koch
Beschimpfen, weil er mit dem Messer läuft!   30
Von euch erwarten wir Schmatzen und nicht Schimpfen!
Und jetzt geht heim!

MULBERRY

Unglückstag   Das war ein schwarzer Tag*
Wo du uns diese brachtest, Clark!   35

CLARK

                  Wem sagst du's?

Die beiden gehen düster ab.

GIRI

5   Chef, laß dir von dem Pack nicht am Begräbnis
    Den Spaß versalzen!

GIVOLA

               Ruhe! Betty kommt!

Aus dem Mausoleum kommt Betty Dullfeet, gestützt
10   *auf eine Frau. Ui tritt ihr entgegen. Aus dem Mausoleum*
    Orgelmusik.

UI

    ⌐Frau Dullfeet, meine Kondolation*!   *mein Beileid*
    Sie geht wortlos an ihm vorbei.

15 GIRI *brüllt:*

               Halt! Sie!

Sie bleibt stehen und wendet sich um. Man sieht, sie ist
kalkweiß.

UI

20 Ich sagte, meine Kondolation, Frau Dullfeet!
    Dullfeet, Gott hab ihn selig*, ist nicht mehr.   *Relig. Formel*
    Doch Ihr Karfiol ist noch vorhanden. Möglich   *zur Ehrung*
    Sie sehn ihn nicht, der Blick ist noch getrübt   *Verstorbener*
    Von Tränen, doch der tragische Vorfall sollte
25 Sie nicht vergessen machen, daß da Schüsse
    Meuchlings* aus feigem Hinterhalt gefeuert   *Hinterrücks*
    Auf friedliche Gemüsewägen knallen.
    Petroleum, von ruchloser Hand vergossen
    Verdirbt Gemüse, das gebraucht wird. Hier
30 Steh ich und stehen meine Leute und
    Versprechen Schutz. Was ist die Antwort?

BETTY *blickt zum Himmel:*

               Das

    Und Dullfeet ist noch Asche nicht!*   *noch nicht*
                                      einmal
                                      begraben

UI
                              Ich kann
Den Vorfall nur beklagen und beteuern:

(poet.)
ermordet

Der Mann, gefällt* von ruchloser Hand, er war
Mein Freund.   5
BETTY
                    So ist's. Die Hand, die ihn gefällt, war
Die gleiche Hand, die nach der seinen griff.
Die Ihre!
UI   10
          Das ist wieder dies Gerede
Dies üble Hetzen und Gerüchtverbreiten
Das meine besten Vorsätz, mit dem Nachbarn
In Frieden auszukommen, in der Wurzel
Vergiftet! Dies Mich-nicht-verstehen-Wollen!   15
Dies mangelnde Vertrauen, wo ich vertraue!
Dies Meine-Werbung-boshaft-Drohung-Nennen!
Dies Eine-Hand-Wegschlagen, die ich ausstreck!
BETTY
Die Sie ausstrecken, um zu fällen!   20
UI
                    Nein !
Ich werde angespuckt, wo ich fanatisch werbe!
BETTY
Sie werben wie die Schlange um den Vogel!   25
UI
Da hört ihr's! So wird mir begegnet! So

entschlos-
senes, mutiges

Hielt ja auch dieser Dullfeet mein beherztes*
Und warmes Freundschaftsangebot nur für Berechnung

Menschliche
Größe,
Edelmut

Und meine Großmut* nur für Schwäche! Leider!   30
Auf meine freundlichen Worte erntete ich – was?
Ein kaltes Schweigen! Schweigen war die Antwort
Wenn ich auf freudiges Einverständnis hoffte.
Und wie hab ich gehofft, auf meine ständigen
Fast schon erniedrigenden Bitten um Freundschaft   35

Oder auch nur um billiges Verständnis
Ein Zeichen menschlicher Wärme zu entdecken!
Ich hoffte da umsonst! Nur grimme Verachtung
Schlug mir entgegen! Selbst dies Schweigeversprechen
5   Das man mir mürrisch* gab, weiß Gott nicht gern   mit sichtbarem
Bricht man beim ersten Anlaß! Wo zum Beispiel   Unmut,
Ist jetzt dies inbrünstig versprochene Schweigen?   abweisend
Hinausposaunt in alle Richtungen werden
Jetzt wieder Greuelmärchen! Doch ich warne.
10 Treibt's nicht zu weit, vertrauend nur auf meine
Sprichwörtliche Geduld!

BETTY
                    Mir fehlen Worte.

UI
15 Die fehlen immer, wenn das Herz nicht spricht.

BETTY
So nennen Sie das Herz, was Sie beredt macht?

UI
Ich spreche, wie ich fühle.

20 BETTY
                    Kann man fühlen
So wie Sie sprechen? Ja, ich glaub's! Ich glaub's!
Ihr Morden kommt vom Herzen! Ihr Verbrechen
Ist tiefgefühlt wie andrer Menschen Wohltat.   Unbeständig-
25 Sie glauben an Verrat, wie wir an Treue!   keit, schwan-
Unwandelbar sind Sie für Wankelmut*!   kende Gesin-
                                                            nung
Durch keine edle Wallung* zu bestechen!   Plötzliches
Beseelt für Lüge! Ehrlich für Betrug!   Aufkommen,
Die tierische Tat entflammt Sie! Es begeistert   Bewusst-
30 Sie, Blut zu sehn! Gewalt? Sie atmen auf!   werden hoher
Vor jeder schmutzigen Handlung stehen Sie   moral.
Gerührt zu Tränen. Und vor jeder guten   Maßstäbe
Zutiefst bewegt von Rachsucht und von Haß!

UI
35 Frau Dullfeet, es ist mein Prinzip, den Gegner

beschimpft

Ruhig anzuhören. Selbst, wo er mich schmäht*.
Ich weiß, in Ihren Kreisen bringt man mir
Nicht eben Liebe entgegen. Meine Herkunft

mir zum
Vorwurf
gemacht,
gegen mich
verwendet

– ich bin ein einfacher Sohn der Bronx – wird gegen mich
Ins Feld geführt*! »Der Mann«, sagt man, »kann nicht   5
                                                    einmal
Die richtige Gabel wählen zum Dessert.
Wie will er da bestehn im großen Geschäft!
Vielleicht, er greift, wenn von Tarif die Red ist
Oder ähnlichen finanziellen Dingen, welche da   10
Ausgehandelt werden, fälschlich noch zum Messer!
Nein, das geht nicht. Wir können den Mann nicht
                                          brauchen.«
Aus meinem rauhen Ton, meiner männlichen Art
Das Ding beim rechten Namen zu nennen, wird   15
Mir gleich der Strick gedreht. So hab ich dann
Das Vorurteil gegen mich und seh mich so
Gestellt nur auf die eventuellen nackten
Verdienste, die ich mir erwerb. Frau Dullfeet
Sie sind im Karfiolgeschäft. Ich auch.   20
Das ist die Brücke zwischen mir und Ihnen.

BETTY
Die Brücke! Und der Abgrund zwischen uns
Der überbrückt sein soll, ist nur ein blutiger Mord!

UI   25
Sehr bittere Erfahrung lehrt mich, nicht
Als Mensch zum Menschen hier zu sprechen, sondern
Als Mann von Einfluß zur Besitzerin
Eines Importgeschäftes. Und ich frage:
Wie steht's im Karfiolgeschäft? Das Leben   30
Geht weiter; auch wenn uns ein Unglück zustößt.

BETTY
Ja, es geht weiter, und ich will es nützen
Der Welt zu sagen, welche Pest sie anfiel!
Ich schwör's dem Toten, daß ich meine Stimme   35

In Zukunft hassen will, wenn sie »Guten Morgen«
Oder »Gebt mir Essen« sagt und nicht nur eines:
»Vertilgt den Ui!«

GIRI *drohend:*

5   Werd nicht zu laut, mein Kind!

UI

Wir stehen zwischen Gräbern. Mildere Gefühle
Wärn da verfrüht. So red ich vom Geschäft
Das keine Toten kennt.

10 BETTY

                    O Dullfeet, Dullfeet!
Nun weiß ich erst, du bist nicht mehr*!   (poet.) du lebst
                                                            nicht mehr
UI

                              So ist's.
15 Bedenken Sie, daß Dullfeet nicht mehr ist.
Und damit fehlt in Cicero die Stimme
Die sich gegen Untat*, Terror und Gewalt   (poet.) Verbre-
Erheben würd. Sie können den Verlust   chen, böse Tat
Nicht tief genug bedauern! Schutzlos stehn Sie
20 In einer kalten Welt, wo leider Gottes
Der Schwache stets geliefert ist*! Der einzige   unterliegt
Und letzte Schutz, der Ihnen bleibt, bin ich.

BETTY

Das sagen Sie der Witwe jenes Mannes
25 Den Sie gemordet haben? Ungetüm!
Ich wußte, daß Sie hierherkamen, weil Sie
Noch immer an der Stätte Ihrer Untat
Erschienen sind, um andre zu beschuldigen.
»Nicht ich, der andre!« und: »Ich weiß von nichts!«
30 »Ich bin geschädigt!« schreit der Schaden und
»Ein Mord! Den müßt ihr rächen!« schreit der Mord.

UI

Mein Plan ist eisern: Schutz für Cicero.

BETTY *schwach:*

35 Er wird nie glücken!

UI

Bald! So oder so.

BETTY

Gott schütz uns vor dem Schützer!

UI   5

Also wie

Ist Ihre Antwort?
Er streckt ihr die Hand hin.
Freundschaft?

BETTY   10

Nie! Nie! Nie!

von Angst   *Sie läuft schaudernd* weg.*⌐
und Schrecken
erfasst

⌐*Eine Schrift taucht auf:*

⌐DER BESETZUNG ÖSTERREICHS GING DER MORD AN
ENGELBERT DOLLFUSS VORAUS, DEM ÖSTERREICHI-   15
SCHEN KANZLER. UNERMÜDLICH SETZTEN DIE NAZIS
IHRE VERHANDLUNGEN MIT BÜRGERLICHEN RECHTS-
KREISEN ÖSTERREICHS FORT.⌐

14

⌐*Schlafzimmer des Ui im Mamouthhotel. Ui wälzt sich in*   20
schweren Träumen auf seinem Bett. Auf Stühlen, die Re-
volver im Schoß, seine Leibwächter.

UI *im Schlaf:*

Weg, blutige Schatten! Habt Erbarmen! Weg!
Die Wand hinter ihm wird durchsichtig. Es erscheint der   25
Geist Ernesto Romas, in der Stirn ein Schußloch.

ROMA

Und all dies wird dir doch nichts nützen. All dies

Gemetzel*, Meucheln, Drohn und Speichelspritzen   blutige
Ist ganz umsonst, Arturo. Denn die Wurzel   Morden
Deiner Verbrechen ist faul. Sie werden nicht aufblühn.
Verrat ist schlechter Dünger. Schlachte, lüg!
5   Betrüg die Clarks und schlacht die Dullfeets hin –
Doch vor den Eigenen mach halt! Verschwör dich
Gegen eine Welt, doch schone die Verschworenen!
Stampf alles nieder mit den Füßen, doch
Stampf nicht die Füße nieder, du Unseliger!
10   Lüg allen ins Gesicht, nur das Gesicht
Im Spiegel hoff nicht auch noch zu belügen!
Du schlugst dich selbst, als du mich schlugst, Arturo.
Ich war dir zugetan, da warst du nicht
Mehr als ein Schatten noch auf einem Bierhausflur.
15   Nun stehe ich in zugiger Ewigkeit
Und brüte über deine Schlechtigkeit.
Verrat bracht dich hinauf, so wird Verrat
Dich auch hinunterbringen. Wie du mich verrietst
Deinen Freund und Leutnant*, so verrätst du alle.   Milit. Rang:
     unterster
20   Und so, Arturo, werden alle dich   Offiziersgrad
Verraten noch. Die grüne Erde deckt
Ernesto Roma, doch deine Untreu nicht.
Die schaukelt über Gräbern sich im Wind
Gut sichtbar allen, selbst den Totengräbern.
25   Der Tag wird kommen, wo sich alle, die
Du niederschlugst, aufrichten, aufstehn alle
Die du noch niederschlagen wirst, Arturo
Und gegen dich antreten, eine Welt
Blutend, doch haßvoll, daß du stehst und dich
30   Nach Hilf umschaust. Dann wiß*: so stand ich auch.   (poet.) sollst
Dann droh und bettel, fluche und versprich!   du wissen
Es wird dich keiner hören. Keiner hörte mich.

   UI *auffahrend*:*   wütend, erregt
     Schießt! Dort! Verräter! Weiche, Fürchterlicher!
35   *Die Leibwächter schießen nach der Stelle an der Wand,*
     auf die Ui zeigt.

14   Schlafzimmer des Ui im Mamouthhotel   119

ROMA *verblassend:*
Schießt nur! Was von mir blieb, ist kugelsicher.⌐

15

City. Versammlung der Grünzeughändler in Chikago.

ERSTER GRÜNZEUGHÄNDLER   5
Mord! Schlächterei! Erpressung! Willkür! Raub!
ZWEITER GRÜNZEUGHÄNDLER
Und Schlimmres: Duldung! Unterwerfung! Feigheit!
DRITTER GRÜNZEUGHÄNDLER
Was Duldung! Als die ersten zwei im Januar   10
In meinen Laden traten: Hände hoch!
Sah ich sie kalt von oben bis unten an
Und sagte ruhig: Meine Herren, ich weiche
Nur der Gewalt! Ich ließ sie deutlich merken
Daß ich mit ihnen nichts zu schaffen hatte   15
für richtig hielt   Und ihr Benehmen keineswegs billigte*.
Ich war zu ihnen eisig. Schon mein Blick
Sagt' ihnen: Schön, hier ist die Ladenkasse
Doch nur des Brownings wegen!
VIERTER GRÜNZEUGHÄNDLER   20
Richtig! ⌐Ich
Wasch meine Händ in Unschuld!⌐ Unbedingt.
Sagt ich zu meiner Frau.
ERSTER GRÜNZEUGHÄNDLER *heftig:*
Was heißt da Feigheit?   25
Es war gesundes Denken. Wenn man stillhielt
zähne-   Und knirschend* zahlte, konnte man erwarten
knirschend,   Daß diese Unmenschen mit den Schießerein
widerwillig   Aufhören würden! Aber nichts davon!

Der Aufstieg des Arturo Ui

Mord! Schlächterei! Erpressung! Willkür! Raub!

ZWEITER GRÜNZEUGHÄNDLER

Möglich ist so was nur mit uns! Kein Rückgrat*!   Ohne Charak-
                                              terstärke

FÜNFTER GRÜNZEUGHÄNDLER

5 Sag lieber: kein Browning! Ich verkauf Karfiol
Und bin kein Gangster.

DRITTER GRÜNZEUGHÄNDLER

                    Meine einzige Hoffnung
Ist, daß der Hund einmal auf solche trifft

10 Die ihm die Zähne zeigen*. Laß ihn erst   Widerstand
Einmal woanders dieses Spiel probieren!   leisten

VIERTER GRÜNZEUGHÄNDLER

Zum Beispiel in Cicero!
Auftreten die Grünzeughändler von Cicero. Sie sind
15 *kalkweiß.*

DIE CICEROER

                  Hallo, Chikago!

DIE CHIKAGOER

Hallo, Cicero! Und was wollt i h r hier?

20 DIE CICEROER

                        Wir
Sind hierher bestellt.

DIE CHIKAGOER

              Von wem?

25 DIE CICEROER

              Von ihm.

ERSTER CHIKAGOER

                  Wie
Kann er euch herbestellen? Wie euch etwas vor-
30 schreiben? Wie kommandieren in Cicero?

ERSTER CICEROER

                  Mit dem Browning.

ZWEITER CICEROER

Wir weichen der Gewalt.

ERSTER CHIKAGOER

                       Verdammte Feigheit!
Seid ihr keine Männer? Gibt's in Cicero
Keine Richter?

ERSTER CICEROER   5

          Nein.

DRITTER CICEROER

               Nicht mehr.

DRITTER CHIKAGOER

                           Hört ihr, ihr müßt   10
Euch wehren, Leute! Diese schwarze Pest
Muß aufgehalten werden! Soll das Land
Von dieser Seuche aufgefressen werden?

ERSTER CHIKAGOER
Zuerst die eine Stadt und dann die andre!   15
Ihr seid dem Land den Kampf aufs Messer schuldig!

ZWEITER CICEROER
Wieso grad wir? Wir waschen unsre Hände
In Unschuld.

VIERTER CICEROER   20

               Und wir hoffen, daß der Hund
Gott geb's, doch einmal noch auf solche trifft
Die ihm die Zähne zeigen.

Auftreten unter Fanfarenstößen Arturo Ui und Betty
Dullfeet (in Trauer*), gefolgt von Clark, Giri, Givola   25
und Leibwächtern. Ui schreitet zwischen ihnen hin-
durch. Die Leibwächter nehmen im Hintergrund Stel-
lung*.

GIRI

                Hallo, Kinder!   30
Sind alle da aus Cicero?

ERSTER CICEROER

           Jawohl.

GIRI
Und aus Chikago?   35

in schwarzer Trauerkleidung

stellen sich in milit. Haltung auf

ERSTER CHIKAGOER
Alle.

GIRI *zu Ui:*
Alles da.

5 GIVOLA
Willkommen, Grünzeughändler! Der Karfioltrust
Begrüßt euch herzlich.
Zu Clark:
Bitte sehr, Herr Clark!

10 CLARK
Ich tret mit einer Neuigkeit vor Sie.
Nach wochenlangen und nicht immer glatten*   problemlosen
Verhandlungen – ich plaudre aus der Schule* –   (ugs.) Ich
Hat sich die örtliche Großhandlung B. Dullfeet   plaudere
                                                   internes
15 Dem Karfioltrust angeschlossen. So   Wissen aus.
Erhalten Sie in Zukunft Ihr Gemüse
Vom Karfioltrust. Der Gewinn für Sie
Liegt auf der Hand: Erhöhte Sicherheit
Der Lieferung. Die neuen Preise, leicht
20 Erhöht, sind schon fixiert. Frau Betty Dullfeet
Ich schuttle Ihnen, als dem neuen Mitglied
Des Trusts, die Hand.
Clark und Betty Dullfeet schütteln sich die Hände.

GIVOLA
25   Es spricht: Arturo Ui!
Ui tritt vor das Mikrophon.

UI
Chikagoer und Ciceroer! Freunde!
Mitbürger! Als der alte Dogsborough
30 Ein ehrlicher Mann, Gott hab ihn selig, mich
Vor einem Jahr ersuchte*, Tränen im Aug   bat
Chikagos Grünzeughandel zu beschützen
War ich, obgleich* gerührt, doch etwas skeptisch   obwohl
Ob ich dies freudige Vertraun rechtfertigen könnt.
35 Nun, Dogsborough ist tot. Sein Testament

Liegt jedermann zur Einsicht vor. Er nennt
In schlichten Worten mich seinen Sohn. Und dankt
Mir tief bewegt für alles, was ich getan hab
Seit diesem Tag, wo ich seinem Rufe folgte.
Der Handel mit Grünzeug, sei es nun Karfiol   5
Sei's Schnittlauch, Zwiebeln oder was weiß ich, ist
Heut in Chikago ausgiebig beschützt
Ich darf wohl sagen: durch entschlossenes Handeln
Von meiner Seite. Als dann unerwartet
Ein andrer Mann, Ignatius Dullfeet, mir   10
Den gleichen Antrag stellte, nun für Cicero
War ich nicht abgeneigt, auch Cicero
In meinen Schutz zu nehmen. Nur eine Bedingung
Stellt ich sofort: Es mußt auf Wunsch der Laden-
besitzer sein! Durch freiwilligen Entschluß   15
Muß ich gerufen werden. Meinen Leuten
Schärfte ich ein: kein Zwang auf Cicero!
Die Stadt hat völlige Freiheit, mich zu wählen!
Ich will kein mürrisches »Schön!«, kein knirschendes
                                    »Bitte!«.   20
Halbherziges Zustimmen ist mir widerlich.
Was ich verlange, ist ein freudiges »Ja!«
Ciceroischer Männer, knapp und ausdrucksvoll.
Und weil ich das will und, was ich will, ganz will
Stell ich die Frage auch an euch noch einmal   25
Leute aus Chikago, die ihr mich besser kennt
Und, wie ich annehmen darf, auch wirklich schätzt.
Wer ist für mich? Und wie ich nebenbei
Erwähnen will: ⌜Wer da nicht für mich ist
Ist gegen mich⌝ und wird für diese Haltung   30
Die Folgen selbst sich zuzuschreiben haben.
Jetzt könnt ihr wählen!
GIVOLA
                          Doch bevor ihr wählt
Hört noch Frau Dullfeet, allen euch bekannt   35

Der Aufstieg des Arturo Ui

Und Witwe eines Mannes, euch allen teuer*!

BETTY

Freunde! Da nunmehr euer aller Freund

Mein lieber Mann Ignatius Dullfeet, nicht mehr

5 Weilt unter uns*...

GIVOLA

Er ruh in Frieden!*

BETTY

Und

10 Euch nicht mehr Stütze sein kann, rat ich euch

Nun euer Vertraun zu setzen in Herrn Ui

Wie ich es selbst tu, seit ich ihn in dieser

Für mich so schweren Zeit näher und besser

Kennengelernt.

15 **GIVOLA**

Zur Wahl!

GIRI

Wer für Arturo Ui ist

Die Hände hoch!

20 *Einige erheben sofort die Hand.*

EIN CICEROER

Ist's auch erlaubt, zu gehn?

GIVOLA

Jedem steht frei, zu machen was er will.

25 *Der Ciceroer geht zögernd hinaus. Zwei Leibwächter
folgen ihm. Dann ertönt ein Schuß.*

GIRI

Und nun zu euch! Was ist euer freier Entschluß?

Alle heben die Hände hoch, jeder beide Hände.

30 **GIVOLA**

Die Wahl ist aus, Chef, Ciceros Grünzeughändler

Und die Chikagos danken tiefbewegt

Und freudeschlotternd dir für deinen Schutz.

UI

35 Ich nehme euren Dank mit Stolz entgegen.

---

*von euch allen
geschätzt*

verstorben ist

*Relig. Formel
zur Ehrung
Verstorbener*

Als ich vor nunmehr fünfzehn Jahren als
Einfacher Sohn der Bronx und Arbeitsloser
Dem Ruf der Vorsehung folgend, mit nur sieben
Erprobten Männern auszog, in Chikago
Meinen Weg zu machen*, war's mein fester Wille   5
Dem Grünzeughandel Frieden zu verschaffen.
's war eine kleine Schar damals, die schlicht*
Jedoch fanatisch diesen Frieden wünschte!
Nun sind es viele. Und der Friede in
Chikagos Grünzeughandel ist kein Traum mehr.   10
Sondern rauhe Wirklichkeit. Und um den Frieden
Zu sichern, hab ich heute angeordnet
Daß unverzüglich neue Thompsonkanonen
Und Panzerautos und natürlich was
An Brownings, Gummiknüppeln und so weiter noch   15
Hinzukommt, angeschafft werden, denn nach Schutz
Schrein nicht nur Cicero und Chikago, sondern
Auch andre Städte: Michigan und Milwaukee!
Detroit! Toledo! Pittsburg! Cincinnati!
Wo's auch Gemüsehandel gibt! Flint! Boston!   20
Philadelphia! Baltimore! St. Louis! Little Rock!
Connecticut! New Jersey! Alleghany!
Cleveland! Columbia! Charleston! New York!
Das alles will geschützt sein! Und kein »Pfui«
Und kein »Das ist nicht fein!« hält auf den Ui!   25
Unter Trommeln und Fanfarenstößen schließt sich der
Vorhang.

Während der Rede des Ui ist eine Schrift aufgetaucht:
⌐DER WEG DER EROBERUNGEN WAR BESCHRITTEN. NACH
ÖSTERREICH KAMEN DIE TSCHECHOSLOWAKEI, POLEN,   30
DÄNEMARK, NORWEGEN, HOLLAND, BELGIEN, FRANK-
REICH, RUMÄNIEN, BULGARIEN, GRIECHENLAND.⌐

erfolgreich zu sein, voranzukommen

einfach

EPILOG

Ihr aber lernet, wie man sieht, statt stiert
Und handelt, statt zu reden noch und noch.
⌐So was hätt einmal fast die Welt regiert!
5   Die Völker wurden seiner Herr, jedoch
Daß keiner uns zu früh da triumphiert –
Der Schoß ist fruchtbar noch, aus dem das kroch!¬

Anhang

[Frühe Variante des Prologs]

PROLOG

Vor den Leinenvorhang tritt der Ansager. Auf dem Vor-
hang sind große Ankündigungen zu lesen: »Neues vom
5 *Dockshilfeskandal« – »Der Kampf um des alten Dogsbo-*
roughs Testament und Geständnis« – »Sensation im gro-
ßen Speicherbrandprozeß« – »Die Ermordung des Gang-
sters Ernesto Roma durch seine Freunde« – »Erpressung
und Ermordung des Ignatius Dullfeet« – »Die Eroberung
10 *der Stadt Cicero durch Gangster«. Hinter dem Vorhang*
Bumsmusik.*

Lärmende,
qualitativ
schlechte
Musik

DER ANSAGER
  Verehrtes Publikum, wir bringen heute
  – Ruhe dort hinten, Leute!
15 Und nehmen Sie den Hut ab, junge Frau! –
  Die große historische Gangsterschau!
  Enthaltend zum allererstenmal
  Die Wahrheit über den großen Dockshilfeskandal.

Außerdem
zeigen wir
Ihnen

  Ferner bringen wir Ihnen zur Kenntnis*
20 Dogsboroughs Testament und Geständnis.
  Den Aufstieg des Arturo Ui während der Baisse*!

Fallen der
Börsenkurse;
hier: Weltwirt-
schaftskrise

  Sensationen im berüchtigten Speicherbrandprozeß!
  Den Dullfeetmord! Die Justiz im Koma!
  Gangster unter sich: Die Abschlachtung des Ernesto
25   Roma!
  Zum Schluß das illuminierte Schlußtableau:
  Gangster erobern die Stadt Cicero!
  Sie sehen hier, von Künstlern dargestellt
  Die berühmtesten Heroen unserer Gangsterwelt.
30 Sie sehen tote und Sie sehen lebendige

Vorübergegangene und beständige
Geborene und gewordene, so
Zum Beispiel den guten alten ehrlichen Dogsborough!
Vor den Vorhang tritt der alte Dogsborough.
Das Herz ist schwarz, das Haar ist weiß.   5

Verbeuge dich Mach deinen Diener*, du verdorbener Greis!
Der alte Dogsborough tritt zurück, nachdem er sich ver-
beugt hat.
Sie sehen ferner bei uns – da
Ist er ja schon –   10
vor den Vorhang ist Givola getreten
     den Blumenhändler Givola.
Mit seinem synthetisch geölten Maul
Verkauft er Ihnen einen Ziegenbock als Gaul.
Lügen, heißt es, haben kurze Beine!   15
Nun betrachten Sie seine!
Givola tritt hinkend zurück.
Und nun zu Emanuele Giri, dem Superclown!
Heraus mit dir, laß dich anschaun!
Vor den Vorhang tritt Giri und grüßt mit der Hand.   20
Einer der größten Killer aller Zeiten!
Weg mit dir!
Giri tritt erbost zurück.
Und nun zur größten unsrer Sehenswürdigkeiten!
Der Gangster aller Gangster! Der berüchtigte   25

strafte Arturo Ui! Mit dem uns der Himmel züchtigte*
Für alle unsre Sünden und Verbrechen
Gewalttaten, Dummheiten und Schwächen!

Vorderer Teil *Vor den Vorhang tritt Ui und geht die Rampe* entlang*
der Bühne ab.*   30
Wem fällt da nicht Richard der Dritte ein?
Seit den Zeiten der roten und weißen Rose
Sah man nicht mehr so große
Fulminante und blutige Schlächterein!
Verehrtes Publikum, angesichts davon   35

War es die Absicht der Direktion
Weder Kosten zu scheuen noch Sondergebühren
Und alles im großen Stile aufzuführen.
Jedoch ist alles streng wirklichkeitsgetreu
5   Denn was Sie heut abend sehen, ist nicht neu
Nicht erfunden und ausgedacht
Zensuriert* und für Sie zurechtgemacht: (österr.)
Was wir hier zeigen, weiß der ganze Kontinent: Geprüft,
Es ist das Gangsterstück, das jeder kennt!   beurteilt
10 *Während die Musik anschwillt und das Knattern eines
Maschinengewehrs sich ihr gesellt*, tritt der Ansager ge-   gleichzeitig
schäftig ab.*   mit ihr zu
hören ist

[Szene 8 d]

d
15 *Wenn es wieder hell wird, sitzt Dockdaisy im Zeugenstuhl.*

DOCKDAISY *mit mechanischer Stimme:* Ich erkenne den
   Angeklagten sehr gut an seinem schuldbewußten Ausdruck und weil er einen Meter und siebzig groß ist. Ich
   habe von meiner Schwägerin gehört, daß er an dem Mit-
20 tag, an dem mein Mann beim Betreten des Stadthauses
   erschossen wurde, vor dem Stadthaus gesehen wurde.
   Er hatte eine Maschinenpistole, Fabrikat Webster, unter
   dem Arm und machte einen verdächtigen Eindruck.
   Dunkel. Die Orgel spielt weiter.

[Frühe Variante der Szene 9 a]

Gegend der Docks. Aus einem zerschossenen Lastkraft-
wagen klettert ein blutüberströmter Chauffeur und tau-
melt nach vorn.

DER CHAUFFEUR   5
  Hilfe! Ihr! Lauft nicht weg! Ihr müßt's bezeugen!
  Mein Kamerad im Wagen ist hin!... Ich bräucht
  'nen Lappen für den Arm... Sie schlachten uns
  Als wischten sie vom Bierglas Fliegen. Mörder!
  Von hinten und zu viert! Feiglinge! Aber   10
  Ich weiß, wer's ist. Ich sah euch! – 's ist der Ui!
  's ist Ui! 's ist Ui! 's ist...
  In unmittelbarer Nähe knattert ein Maschinengewehr
  und er bricht zusammen.
                              Ui und der Rest!   15
  Helft, ich verblut! Stoppt keiner diese Pest?

  Eine Schrift taucht auf:
  DEM REICHSTAGSBRANDPROZESS FOLGTE DIE BERÜCH-
  TIGTE »NACHT DER LANGEN MESSER«. DURCH NACKTEN
  TERROR SICHERTEN DIE NAZIS IHRE ABSOLUTE HERR-   20
  SCHAFT.

Kommentar

Zeittafel

1898   10. 2.: Bertolt Brecht wird in Augsburg unter dem Namen
        Eugen Berthold Friedrich Brecht als Sohn des kaufmän-
        nischen Angestellten und späteren Prokuristen und Di-
        rektors der Haindlschen Papierfabrik Berthold Friedrich
        Brecht und seiner Frau Wilhelmine Friederike Sofie
        Brecht (geb. Brezing) geboren.

1904   bis 1917 Besuch der Grundschule und des Städtischen
        Realgymnasiums in Augsburg.

1914   Brecht veröffentlicht unter dem Pseudonym Berthold Eu-
        gen in den *Augsburger Neuesten Nachrichten* erste Ge-
        dichte und Geschichten.

1917   Nach dem Abitur wird Brecht Kriegsdiensthelfer, arbei-
        tet als Hauslehrer und immatrikuliert sich als »stud. Phil.
        et Med.« an der Universität München, ohne das Studium
        je ernsthaft aufzunehmen.

1918   Die Erstfassung des Stücks *Baal* entsteht (UA 1923).

1919   Brecht schreibt *Trommeln in der Nacht* und mehrere Ein-
        akter, darunter *Die Hochzeit*. Er arbeitet in Augsburg als
        Theaterkritiker. Sein Sohn Frank wird geboren (Mutter:
        P. Banholzer).

1920   Erste Reise nach Berlin.

1921   Brecht fährt zu Verhandlungen mit Verlagen ein zweites
        Mal nach Berlin und bricht sein Studium ab. Die *Haus-
        postille* wird weitgehend vollendet, erscheint jedoch erst
        1927.

1922   Brecht arbeitet an den Münchner Kammerspielen als
        Dramaturg. Er heiratet die Opernsängerin Marianne
        Zoff. Für *Trommeln in der Nacht* erhält er den Kleist-
        Preis und lernt bei Proben zum Stück seine spätere Frau
        Helene Weigel kennen.

1923   M. Zoff bringt die gemeinsame Tochter Hanne zur Welt.
        Im Dickicht der Städte und *Baal* werden uraufgeführt.

1924   In Zusammenarbeit mit Lion Feuchtwanger entsteht das
        Stück *Leben Eduards des Zweiten von England* von
        Christopher Marlowe. Brecht zieht zu H. Weigel nach

Berlin und arbeitet dort an Max Reinhardts Deutschem Theater als Dramaturg. Er lernt seine spätere Mitarbeiterin und Freundin Elisabeth Hauptmann kennen. Stefan, sein erstes Kind mit H. Weigel, wird geboren.

1925 Brecht schreibt Kurzgeschichten und Artikel für Zeitungen und Zeitschriften.

1926 Die Stücke *Mann ist Mann* und *Die Hochzeit* werden uraufgeführt, und es entstehen die ersten Gedichte des *Lesebuchs für Städtebewohner*. Brecht lernt den Soziologen und Nationalökonomen Fritz Sternberg kennen. Brecht beginnt mit theoretischen Überlegungen zum epischen Theater.

1927 In einer ersten Zusammenarbeit mit Kurt Weill entsteht das *Mahagonny-Songspiel*. In Berlin wird Brecht Mitglied von Erwin Piscators *Dramatischem Kollektiv*. Von Oktober bis Dezember schreibt Brecht mit K. Weill das Libretto zur Oper *Aufstieg und Fall der Stadt Mahagonny*. Die Ehe mit M. Zoff wird geschieden.

1928 Die Zusammenarbeit mit K. Weill wird mit der *Dreigroschenoper* fortgesetzt.

1929 Die Stücke *Der Lindberghflug* (Musik: Paul Hindemith/Kurt Weill) und *Das Badener Lehrstück vom Einverständnis* (Musik: Paul Hindemith) werden uraufgeführt. Brecht heiratet H. Weigel.

1930 Die Oper *Aufstieg und Fall der Stadt Mahagonny*, die Lehrstücke *Der Jasager* (nach einer japanischen Vorlage) und *Die Maßnahme* werden uraufgeführt. Brecht arbeitet am Stück *Die heilige Johanna der Schlachthöfe* und am Lehrstück *Die Ausnahme und die Regel*. Barbara, sein zweites Kind mit H. Weigel, wird geboren.

1931 Mit seinen Mitarbeitern (darunter Hanns Eisler und Elisabeth Hauptmann) erarbeitet Brecht eine neue Bühnenfassung von Maxim Gorkis Roman *Die Mutter*. Er stellt *Die heilige Johanna der Schlachthöfe* fertig und schreibt das Parabelstück *Die Rundköpfe und die Spitzköpfe*. Bei Proben zur Uraufführung des Stücks *Die Mutter* lernt Brecht seine spätere Mitarbeiterin und Freundin Margarete Steffin kennen.

1932   Er reist nach Moskau, wo er an der Uraufführung seines
       in Deutschland ursprünglich verbotenen Films *Kuhle
       Wampe* teilnimmt.
1933   28. 2.: Brecht verlässt einen Tag nach dem Reichstags-
       brand mit H. Weigel und Sohn Stefan Deutschland. Nach
       Aufenthalten in Prag, Wien, Zürich, dem Tessin, Paris
       und Kopenhagen lässt sich Brecht in Svendborg auf der
       dän. Insel Fünen nieder. Er arbeitet am *Dreigroschenro-
       man* und lernt Ruth Berlau kennen. In Deutschland wer-
       den am 10. 5. seine Bücher verbrannt.
1934   Brecht verbringt mehrere Monate in London und beginnt
       mit der Arbeit an *Die Horatier und die Kuratier*.
1935   Brecht schreibt die Szenenfolge *Furcht und Elend des
       III. Reiches*. Von den Nationalsozialisten wird ihm die
       deutsche Staatsbürgerschaft aberkannt. Er spricht auf
       dem *Ersten offiziellen Schriftstellerkongreß zur Vertei-
       digung der Kultur* in Paris und nimmt in New York an
       den Proben zu *Die Mutter* teil.
1936   Brecht reist nach London. *Die Rundköpfe und die Spitz-
       köpfe* wird uraufgeführt.
1937   Das Stück *Die Gewehre der Frau Carrar* wird uraufge-
       führt. Die *Expressionismusdebatte* beginnt.
1938   Die ersten beiden Bände der *Gesammelten Werke* er-
       scheinen im Prager Malik-Verlag. Brecht beginnt die Ar-
       beit am Roman *Die Geschäfte des Herrn Julius Caesar*.
       Furcht und Elend des III. Reiches wird uraufgeführt
       (Musik: P. Dessau). Brecht stellt Gedichte des Exils unter
       dem Titel *Svendborger Gedichte* zusammen und beendet
       die erste Fassung des *Leben des Galilei*. Brecht schreibt
       Über reimlose Lyrik mit unregelmäßigen Rhythmen
       (Veröffentlichung 1939).
1939   Brecht beginnt seine Arbeit an *Der Messingkauf*, um sei-
       ne Theorie des epischen Theaters zu erläutern. Es ent-
       steht das Parabelstück *Der gute Mensch von Sezuan*.
       Wegen des drohenden Kriegs zieht Brecht nach Schwe-
       den, wo er das Stück *Mutter Courage und ihre Kinder*
       schreibt.
1940   Brecht geht nach Helsinki/Finnland ins Exil. Dort been-

det er das Stück *Herr Puntila und sein Knecht Matti* und beginnt mit der Arbeit an den *Flüchtlingsgesprächen.*

1941 Das Stück *Der Aufstieg des Arturo Ui* entsteht und *Mutter Courage und ihre Kinder* wird uraufgeführt. Brecht verlässt mit seiner Familie, M. Steffin und R. Berlau Finnland. Er reist nach Moskau, wo M. Steffin zurückgelassen wird und wenig später stirbt, und anschließend in die USA, wo er sich zuerst in Hollywood, dann in Santa Monica niederlässt. Dort arbeitet er mit Fritz Lang an dessen Film *Hangmen Also Die* und beginnt mit der Arbeit an *Die Gesichte der Simone Machard.*

1943 *Der gute Mensch von Sezuan* und *Leben des Galilei* werden in Zürich uraufgeführt. Brechts Sohn Frank wird bei einem Bombenangriff an der Ostfront getötet.

1944 Das Stück *Der kaukasische Kreidekreis* entsteht. Brechts und R. Berlaus Sohn Michel wird zu früh geboren und stirbt nach wenigen Tagen.

1945 Brecht arbeitet an der Inszenierung von *Furcht und Elend des III. Reiches* in New York mit.

1946 Brecht reist nach New York und arbeitet mit Wystan Hugh Auden an *The Duchess of Malfi.*

1947 Brecht wird am 30. 10. vor dem *Ausschuss für unamerikanische Betätigung* vernommen und verlässt einen Tag später die USA. Nach einem Aufenthalt in Paris lässt er sich in Zürich nieder.

1948 Die *Antigone*-Bearbeitung und *Herr Puntila und sein Knecht Matti* werden uraufgeführt. Brecht fasst in der Schrift *Kleines Organon für das Theater* (Veröffentlichung 1949) seine Theatertheorie zusammen. Er reist über Prag nach Berlin.

1949 Die *Kalendergeschichten* werden als erstes Buch Brechts nach dem Zweiten Weltkrieg veröffentlicht. Brecht schreibt in Anlehnung an ein Drama Nordahl Griegs das Stück *Die Tage der Kommune.* Das Berliner Ensemble unter der Leitung von H. Weigel wird gegründet und mit der Aufführung von *Herr Puntila und sein Knecht Matti* eröffnet.

1950 Brecht wird zum Mitglied der neu gegründeten Akademie

der Künste berufen. Er erwirbt mit Hilfe des Komponisten Gottfried von Einem die österreichische Staatsbürgerschaft. Die Bearbeitung von J. M. R. Lenz' *Hofmeister* wird uraufgeführt.

1951 Die Oper *Das Verhör des Lukullus* (Musik: P. Dessau) und der *Herrnburger Bericht* werden uraufgeführt. Brecht schreibt seinen *Offenen Brief an die deutschen Künstler und Schriftsteller*. Er erhält den Nationalpreis erster Klasse.

1952 Brecht zieht mit H. Weigel nach Buckow. Seine Bearbeitung von Anna Seghers *Der Prozeß der Jeanne d'Arc zu Rouen 1431* wird uraufgeführt.

1953 Brecht schreibt das Stück *Turandot oder der Kongreß der Weißwäscher* und die *Buckower Elegien*.

1954 Brecht wird Mitglied des *Künstlerischen Beirats des Ministeriums für Kultur der DDR* und Vizepräsident der Deutschen Akademie der Künste.

1955 In Moskau wird Brecht der Stalin-Friedenspreis verliehen. Seine Bearbeitung von George Farquhars *Pauken und Trompeten* wird uraufgeführt.

1956 Brecht muss wegen einer verschleppten Virusgrippe ins Krankenhaus. Sein Zustand bleibt auch nach seiner Entlassung schlecht. Am 14. 8. stirbt er an den Folgen eines Herzinfarkts und wird drei Tage später auf dem Dorotheenstädtischen Friedhof in Berlin beigesetzt.

Entstehungs- und Textgeschichte

Schon 1934 äußert Brecht gegenüber Walter Benjamin die Absicht, »eine Satire auf Hitler im Stile der Historiographen der Renaissance« zu schreiben (Walter Benjamin, *Gesammelte Schriften*, Band VI, hg. v. Rolf Tiedemann u. Hermann Schweppenhäuser, Frankfurt/M. 1985, S. 530). So entstehen zunächst *Der Tuiroman* und die titellose Erzählung *Wenige wissen heute* ... (GBA 19, S. 367–375), die früher unter dem Titel *Die Geschichte des Giacomo Ui* bekannt war und den Aufstieg Hitlers an der Figur des Dachdeckers Ui aus Padua satirisch nachzeichnet.

Erzählung
Wenige wissen heute ...

Der Gedanke, die satirische Bearbeitung des Aufstiegs Hitlers in Form eines Gangsterstücks zu verwirklichen, kommt Brecht bei seinem Aufenthalt in New York Ende 1935, wo er die aktuelle Berichterstattung der Zeitungen und des Rundfunks über Bandenkriege interessiert verfolgt und sich auch von den künstlerischen Bearbeitungen des Themas im Film inspirieren lässt. Doch erst im finnischen Exil beginnt Brecht – selbst Opfer des Nationalsozialismus – die Arbeit am vorliegenden Stück: Zwischen dem 10. und 29.3.1941 entsteht unter dem Titel *Der aufhaltsame Aufstieg des Arturo Ui* in Helsinki die erste Fassung, in deren Typoskript Brecht Zeitungsbilder von Hitler und anderen Nationalsozialisten klebt, die diese in typischen Posen zeigen.

Erstes
Typoskript

Da die nachlässige Behandlung des Versmaßes in der ersten Fassung des Stücks auf die Kritik von Brechts Mitarbeiterin Margarete Steffin (1908–1941) stößt, überarbeitet der Autor den Text Anfang April 1941, wobei er sich hauptsächlich auf die Verbesserung des Blankverses konzentriert.

Zweites
Typoskript

Im zweiten Typoskript, das zwischen April und Anfang Mai 1941 entsteht, erhält das Stück den Titel *Arturo Ui (Dramatisches Gedicht) von K. Keuner*. Wie aus seinem *Journal* ersichtlich ist, trägt sich Brecht in dieser Zeit auch mit dem Gedanken, einen zweiten Teil des Stücks zu verfassen, der im Gegensatz zum ersten, den Brecht für das amerikanische Publikum vorgesehen hatte, »etwas ganz und gar und überall Unaufführbares« sein sollte (*Journale I*, 12.4.1941 – GBA 26, S. 472).

Wie die zeitweise erwogenen englischen bzw. amerikanischen Titel *That wellknown racket* und *The gangsterplay we know* (vgl. GBA 7, S. 357) und ein Eintrag ins *Journal* zeigen, hatte Brecht beim Verfassen des Stücks »ständig die Aufführungsmöglichkeit vor Augen« (*Journale I*, 12.4.1941 – GBA 26, S. 472). Als er am 21.7.1941 im amerikanischen Exil eintrifft, hofft er, das Stück auf einer amerikanischen Bühne zur Uraufführung bringen zu können. Zwar wird es bereits im September desselben Jahres unter dem Titel *The Rise of Arturo Ui* von Hoffman Reynold Hays ins Amerikanische übersetzt, doch lehnen sowohl Erwin Piscator (1893–1966), der zu dieser Zeit in New York arbeitet, als auch Berthold Vierteil eine Inszenierung ab, sodass Brecht im Herbst 1941 endgültig die Hoffnung auf eine amerikanische Uraufführung aufgibt.

Engl./Amerik. Übersetzung

Erst 1953 beschäftigt er sich erneut mit dem Schauspiel, wobei das dritte Typoskript entsteht, das wieder auf den ursprünglichen Titel *Der aufhaltsame Aufstieg des Arturo Ui* zurückgreift. Aus den Jahren 1954 bis 1956 stammen die beiden letzten Typoskripte des Stücks, das nun den endgültigen Titel *Der Aufstieg des Arturo Ui* trägt. Es wird jedoch zu Lebzeiten Brechts nicht mehr veröffentlicht.

Drittes Typoskript

Nachdem sein Plan, das Stück 1948 im zwölften Heft der *Versuche*-Reihe zu publizieren (Brief an Peter Suhrkamp, September 1948 – GBA 29, S. 470 f.), an politischen Zweifeln seines Verlegers Peter Suhrkamp (Brief an Elisabeth Hauptmann, 8.1.1954) gescheitert ist, gibt Brecht Anfang der 1950er-Jahre den Plan einer Veröffentlichung auf. Obwohl er das Stück durch die Verschärfung des Prologs Mitte der 1950er-Jahre, die Hinzufügung eines Epilogs, die nun zentrale Stellung der Szene 9a (*Aus einem zerschossenen Lastwagen klettert eine blutüberströmte Frau* – GBA 7, S. 41) und die Ergänzung der letzten Projektion durch die Nennung der Stationen der Eroberungen Hitlers stärker auf die Erfahrungen des Nachkriegspublikums zugeschnitten hat, lehnt er die Uraufführung ab, weil er »die mangelnde historische Reife des deutschen Publikums« befürchtet (Wekwerth 1967, S. 38). Erst 1957 wird das Stück im *Zweiten Sonderheft Bertolt Brecht* der Zeitschrift *Sinn und Form* (Berlin 1957, S. 7–99) postum veröffentlicht und am 10.11.

Erstveröffentlichung

1958 am Württembergischen Staatstheater in Stuttgart uraufgeführt.

Textfassung
der GBA Die *Große kommentierte Berliner und Frankfurter Ausgabe* der
Werke Brechts bezieht sich in der Regel auf die erste veröffent-
lichte Fassung eines Werks. Da das vorliegende Stück zu Brechts
Lebzeiten jedoch weder veröffentlicht noch uraufgeführt wurde,
erklärt die Ausgabe hier – wie in allen gleich gearteten Fällen –
das jüngste Typoskript des Schauspiels zur gültigen Fassung. So
wird der Ausgabe das Typoskript aus den Jahren 1954 bis 1956,
das letzte Korrekturen des Autors aufweist und somit dessen
letzten Willen dokumentiert, zugrunde gelegt; daher erklärt sich
Titel des
Stücks auch der Titel *Der Aufstieg des Arturo Ui*, der gegenüber dem
nach den vorangegangenen Ausgaben gewohnten Titel das At-
tribut »aufhaltsam« nicht mehr enthält. Aus der Tatsache, dass
es zu Brechts Lebzeiten nicht zur Herausgabe einer endgültig
redigierten Textfassung des Stückes kam und Brecht innerhalb
der fünf Typoskripte des Schauspiels Umstellungen von Szenen
vornahm, lässt sich auch die inkonsequente Szenenzählung der
vorliegenden Textfassung des Stückes herleiten: Der Grund für
das Fehlen der Szene 8d innerhalb des »Speicherbrandprozes-
ses« konnte nicht ermittelt werden (vgl. GBA 7, S. 366). Die
Szene 9a (*Cicero. Aus einem zerschossenen Lastkraftwagen
klettert eine blutüberströmte Frau und taumelt nach vorn.*) war
ursprünglich als Schlussszene des Schauspiels geplant, wurde
dann jedoch in dessen Mitte vorverlegt, um dem Stück seinen
emotionalisierenden Schluss zu nehmen und eine größere historische Distanz aufzubauen (vgl. GBA 7, S. 364f.). Im jüngsten
Typoskript wird sie als Szene 9a vor Szene 9 eingefügt. Dass die
textlichen Veränderungen der verschiedenen Fassungen des
Schauspiels abgesehen vom Prolog und Epilog lediglich Details
betreffen, lässt sich aus der Tatsache erklären, dass Brecht, der
gewöhnlich eine Veröffentlichung bzw. Einstudierungen seiner
Werke zu deren Überarbeitung nutzte, sowohl die praktische
Realisierung des Stücks als auch dessen Veröffentlichung fehl-
te.

Rezeption

Am 10. 11. 1958 – zwei Jahre nach Brechts Tod – wird das Stück unter dem Titel *Der aufhaltsame Aufstieg des Arturo Ui* im Württembergischen Staatstheater in der Regie des Brecht-Schülers Peter Palitzsch mit Wolfgang Kieling in der Titelrolle uraufgeführt. Gerd Richter übernimmt die Ausstattung des Abends, Hans-Dieter Hosalla die Komposition der Bühnenmusik. Palitzsch vermeidet es, die Figuren des Stücks durch äußere Attribute zu sehr an historische Figuren anzugleichen und gibt damit der Gangsterhandlung im Sinne Brechts relative Eigenständigkeit.

Uraufführung in Stuttgart

Wenngleich die Inszenierung, das Bühnenbild, die Musik und die Leistung der Schauspieler beim Publikum Anklang finden, stößt das Stück selbst gerade bei professionellen Betrachtern auf Kritik: Besonders der Parabelcharakter im Zusammenhang mit dessen zeitgeschichtlichem Bezug wird kontrovers diskutiert. Schärfste Kritiker behaupten, Brecht lasse sowohl die ideologische Manipulation durch die Herrschenden als auch die komplexen gesellschaftlichen und politischen Verhältnisse, die zur Entstehung der Diktatur führten, außer Acht, indem er deren treibende Kraft allein im Ökonomiestreben aller Beteiligten suche (vgl. Melchinger, in: *Stuttgarter Zeitung*, 21. 11. 1958, in: Wyss, S. 358; Guggenheimer, *Frankfurter Hefte* 1, 1959, in: Wyss, S. 365), und verharmlose durch die Ausblendung des historischen Geschehens nach 1941 die Gräuel des Nazireichs (Ernst Schumacher, in: *Deutsche Woche*, 3. 12. 1958, in: Wyss, S. 360). Auch wird die Frage gestellt, ob die Form der Satire dem Ernst des Themas angemessen sei (vgl. Schumacher, ebd., S. 360) oder ob mit ihr vielmehr die Gefühle der realen Opfer verletzt würden. Zudem wirft man Brecht vor, die psychologischen und ideologischen Hintergründe sowie die massenwirksamen Kräfte der Nazis außer Acht gelassen zu haben. Während speziell die linksgerichtete Presse das Volk (vgl. Melchinger, in: Wyss, S. 357) bzw. die Arbeiterschaft (vgl. Schumacher, ebd., S. 361; Guggenheimer, *Frankfurter Hefte* 1, 1959, ebd., S. 365) als potentiellen Gegenspieler Arturo Uis vermisst, wird allgemein das

Reaktionen der Kritiker

Fehlen der Anhänger und Mitläufer, ohne deren Unterstützung die Diktatur nicht hätte zustande kommen können, bemängelt. Auch die Szene 14, der Auftritt von Romas Geist, wird als missverständlich angesehen, da nach der Tradition der klassischen Geisterszenen der Geist das moralisch Gute darstellt und Roma, einem Spießgesellen Hitlers, durch den literarhistorischen Kontext somit Märtyrerzüge verliehen würden (vgl. H. Ihering, in: *Die andere Zeitung*, 27. 11. 1958, in: Ihering, S. 198; Ernst Schumacher, in: Wyss, S. 361). Für die vielfach kritisierte mangelnde dramaturgische Stringenz des Stücks und seine unvollkommene Wirkung werden die kurze Entstehungszeit und die fehlende Erprobung auf dem Theater verantwortlich gemacht, die Brecht um die Möglichkeit brachten, das Stück anhand der Theaterpraxis auf seine Haltbarkeit zu prüfen.

Erste Inszenierung am BE Am 23. 3. 1959 wird *Arturo Ui* erstmals im Berliner Theater am Schiffbauerdamm aufgeführt. Wenngleich auch hier Peter Palitzsch – in Zusammenarbeit mit Manfred Wekwerth – Regie führt, akzentuiert diese Berliner Inszenierung im Gegensatz zur Stuttgarter Uraufführung konkrete Ähnlichkeiten zwischen den Bühnen-Figuren und den Personen aus der Zeit des Nationalsozialismus, indem sie deren Gestik und Mimik, ihren Tonfall sowie ihre Körperhaltung übernimmt. Auch die Maske orientiert sich an diesen Ähnlichkeiten, jedoch wirkt sie gleichzeitig verfremdend, da sie diese in greller Schminktechnik stark überzeichnet hervorhebt. Dagegen sind die Kostüme der amerikanischen Herrenmode der 1930er-Jahre entlehnt und vermeiden jede übertriebene Ähnlichkeit mit der amerikanischen Gangstermode dieser Zeit. Karl von Appens Bühnenbild zeigt eine Schaubuden-Szenerie und schafft damit den geeigneten Ort für die von Brecht gewünschte »Jahrmarktshistorie« (GBA 7, S. 8). Die Berliner Aufführung nimmt überdies einige Veränderungen am Text vor: So erweitert sie die Projektionstexte, fügt Sprechchöre in den Ablauf ein und streicht die viel kritisierte »Geisterszene« (Szene 14) völlig. Die Inszenierung erntet bei Publikum wie Kritikern gleichermaßen großes Lob, wobei neben der virtuosen Darstellungsweise des Berliner Ensembles (BE) besonders die Leistung Ekkehard Schalls in der Titelrolle betont wird. Zwar ruft die Frage nach der Angemessenheit der Satire für historische

Stoffe nun keine Kritik mehr hervor, jedoch wird auch jetzt die Reduktion der historischen Situation auf rein ökonomische Vorgänge als Verzerrung der Tatsachen beklagt.

Für die Darstellung der weiteren Wirkungsgeschichte des Stücks ist besonders die internationale Kritik an ausländischen Inszenierungen sowie an deutschen Gastspielen im Ausland aufschlussreich:

1960 inszeniert Jean Vilar das Stück in Paris. Interessanterweise wird hier Brechts Ansatz, das Stück in die triviale Umgebung der amerikanischen Gangsterwelt zu versetzen, anders als in Deutschland ausdrücklich gelobt:

> »Die Tatsache, daß der Maßstab, nach dem sich seine Handlung vollzieht, armselig und trivial ist, vergrößert für uns Wissenden den Schrecken und den Schwachsinn des Abenteuers« (Jacques Lemarchand, in: *Le Figaro Littéraire*, 26.11.1960, in: Wyss, S. 468).

Ein Gastspiel des BE in Venedig auf Einladung der Biennale-Leitung stößt bei den italienischen linken Intellektuellen und Politikern auf großes Interesse, da diese zwischen der Fabel des Stücks und den kriminellen Übergriffen der italienischen Großindustrie auf ihre eigenen Kreise Parallelen zu erkennen glauben (vgl. Ernst Schumacher, *Der unaufhaltsame Aufstieg des Berliner Ensembles. Bemerkungen nach dem Gastspiel in Venedig.* In: *Berliner Zeitung*, 2.10.1966, in: Schumacher, S. 148 ff.).

1963 erlebt das Stück in New York in der Übersetzung George Taboris seine wenig erfolgreiche amerikanische Erstaufführung. Die naturalistisch detailgenaue Inszenierung, die das Geschehen in der amerikanischen Gangsterwelt der 1930er-Jahre ansiedelt, lässt keine aktuellen Bezüge erkennen, sodass die Reaktionen weitgehend ratlos bleiben.

Auch die erste Aufführung des Stücks in Chicago 1975 behält diese Tendenz bei. David Bathrick bemängelt in seiner Besprechung die in der Inszenierung fehlenden Zeitbezüge des Stücks, das durch die Thematisierung der Verstrickung von Politik, Wirtschaft und Verbrechen in höchstem Maße dazu geeignet wäre, aktuelle Machenschaften der amerikanischen Gesellschaft anzuprangern (vgl. Bathrick, S. 162 f.). Durch die »klassische« Darstellungsweise des Stücks, die Bathrick in der kommerziellen

Struktur der großen amerikanischen Theater begründet sieht, wird es zum Historienspiel über die Vorgänge im nationalsozialistischen Deutschland verkürzt, die es nicht umfassend darstellen kann und will. Die Tendenz, die gesellschaftlichen Bedingungen für die Entstehung von Faschismus im Allgemeinen zu entlarven, bleibt vollkommen unberücksichtigt und raubt dem Stück dadurch seine aktuelle Bedeutung und angestrebte gesellschaftliche Wirksamkeit.

Käutners Bochumer Inszenierung Helmut Käutners Inszenierung 1964 in Bochum verzichtet auf die Projektionen der historischen Titel, um den Ablauf der Gangsterhandlung nicht zu unterbrechen. Sie stellt den Bezug zur deutschen Geschichte her, indem sie sich in Kostüm, Maske und Spielweise der Akteure detailgenau an den historischen Vorbildern aus der Zeit des Nationalsozialismus orientiert. Zwar wird das Tempo dieser Inszenierung gelobt, jedoch wird sie zugleich in ihrer Verknappung speziell für das jüngere Publikum als unverständlich empfunden (André Müller, in: *Deutsche Volkszeitung*, 23. 3. 1964, in: Thiele, S. 71).

Gastspiel des BE in der UdSSR Ein Gastspiel des BE 1968 in der Sowjetunion wird von offizieller Seite als politisches Ereignis gewertet, wobei von der kommunistischen Kritik besonders die Parallelen zwischen Wirtschaft und imperialistischer Politik betont werden (G. Wassilow in: *Sowjetskaja Kultura*; zit. n. *Berliner Zeitung*, 14. 9. 1968, in: Schumacher, S. 152).

H. Müllers Inszenierung am BE 1995 macht Heiner Müllers (1929–1995) Inszenierung am BE Furore, die sich insbesondere mit der Frage beschäftigt, worauf Hitlers Anziehungskraft basierte. Anders als viele seiner Kollegen zeigt Müller die Figur des Arturo Ui nicht als albernen Clown, sondern betont das psychologische Moment des krankhaft hysterischen und mit allen Mitteln nach Anerkennung und Macht gierenden Mannes. Der Kritik, er schaffe dadurch Verständnis für Hitler, begegnet Müller mit dem Argument, auch die Unverständnis auslösende Darstellung des Titelhelden biete nicht die ideale Form, den Faschismus zu bekämpfen, da sie Hitler als »Naturphänomen« erkläre (vgl. Peter Laudenbach, *»Was war an Hitler so faszinierend?« – Heiner Müller im Gespräch über seine Inszenierung »Arturo Ui« am BE*. In: *Berliner Zeitung*, 3. 6. 1995). Bereits vor der Vorstellung lässt Müller vom

Balkon des BE Hitlerreden verlesen, formt den Prolog zu einem Epilog um und kombiniert das Stück statt mit der Musik der Uraufführung von Hosalla mit Ausschnitten aus Werken von Schubert, Liszt, Wagner und anderen Komponisten. Die Inszenierung erntet beim Publikum großen Beifall, wobei besonders die mehrfach preisgekrönte künstlerische Leistung Martin Wuttkes in der Titelrolle und die Bernhard Minettis (1905–1998) – als Mime des alten Schlags – hervorgehoben wird. Am 9.1.2004, dem 75. Geburtstag Heiner Müllers, erlebt sie als dessen letzte Inszenierung bereits die 310. Vorstellung.

Kritiken zu weiteren Inszenierungen finden sich in Dieter Thieles Band *Bertolt Brecht. Der aufhaltsame Aufstieg des Arturo Ui*, Frankfurt/M. 1998, S. 67–89.

1982 inszeniert Anna Procházkova das Stück für eine Produktion des tschechoslowakischen Fernsehens. Fernsehproduktion

Deutungsansätze

Einer zusammenfassenden Darstellung der Sekundärliteratur zu Brechts Stück muss erklärend vorausgeschickt werden, dass sich nahezu alle Forschungsbeiträge auf die erste Fassung des Stücks – mit dem entsprechend abweichenden Titel – in der Werkausgabe von 1967 beziehen, und zwar auch die Forschungsbeiträge, die nach Erscheinen der gültigen Fassung in der GBA (1991) verfasst worden sind.

Materialien Ein umfangreicher Materialienband liegt mit einem Buch vor, das Raimund Gerz herausgegeben hat (1983). Es enthält neben der ersten Textfassung im Typoskript (nach BBA 2094) mit den eingeklebten Fotos auch (teils nachgelassene) Schriften Brechts zum Stück sowie Titel- und Textvarianten. Des Weiteren ist das Prosafragment *Die Geschichte des Giacomo Ui (Wenige wissen heute ...)* berücksichtigt, und in einem weiteren Abschnitt finden sich theoretische Texte Brechts zum Nationalsozialismus und Faschismus. Es folgen einige Kritiken zu wichtigen Aufführungen des Stücks, eine Studie Burkhardt Lindners über die Faszination des Faschismus (*»Fascinating Fascism« und die Banalität des Bösen*) sowie ein Beitrag W. F. Haugs zur Aktualisierung des Stücks (*Bürgerhandeln, starker Mann und großer Stil*). Der Band schließt mit einer Zusammenstellung zeitgenössischer historischer Quellen, auf die Brecht teilweise selbst zurückgriff, und einem kurzen Abschnitt über die Entstehungsgeschichte des Stücks.

Brecht-Hand- Im neuen, von Jan Knopf herausgegebenen *Brecht-Handbuch* ist
buch, 2001 eine Besprechung des Stücks von Raimund Gerz enthalten (2001, S. 459–474). Sie befasst sich zunächst mit der Entstehungs- und Textgeschichte, geht anschließend auf Brechts Quellen zur deutschen Geschichte des Nationalsozialismus und zum Gangsterwesen ein, stellt im Zusammenhang mit den literarischen Anleihen des Werks die Übernahme klassischer Formen sowie Dramen-Szenen dar und interpretiert diese. In einem Abschnitt über die Parabolik des Stücks behandelt Gerz das Verhältnis der Gangster- zur Nazihandlung und erläutert dabei insbesondere die Problematik des Parabelstücks und der Jahr-

marktshistorie. Im Folgenden gliedert Gerz das Stück in mehrere Szenenkomplexe, die sich an den Stationen des Aufstiegs der Titelfigur orientieren, und stellt der jeweiligen Gangsterhandlung ihre historischen Parallele in der deutschen Geschichte des Nationalsozialismus gegenüber. In diesem Zusammenhang geht Gerz auch auf die im Stück verwendeten epischen Mittel ein, behandelt anhand der Schauspieler-Szene die Thematik von Gestik und Rhetorik im Nationalsozialismus sowie die faschistische Selbstinszenierung und erläutert außerdem die Parodie klassischer Dramenszenen. Ein Abschnitt über die Faschismuskritik des Stücks beschäftigt sich insbesondere mit dem marxistischen Faschismusbild, der Theatralisierung der Politik durch den Faschismus, der Modellhaftigkeit des Stücks, seiner gesellschaftlichen Wirksamkeit und einer möglichen Aktualisierung. Ein Abschnitt zur Aufführungsgeschichte schließt den Artikel ab.

Jan Knopfs Analyse des Stücks im *Brecht-Handbuch – Theater* (1980, S. 227–237) befasst sich ebenfalls mit der Entstehungs- und Aufführungsgeschichte des Stücks, seinen historischen und literarischen Quellen, der Analyse und Deutung des Stücks als Gangsterstück, Historienfarce und Parabel sowie mit der Frage nach der Rolle der Sprache und Rhetorik. Darüber hinaus werden die im Stück anklingenden Ereignisse aus dem amerikanischen Gangsterwesen detailliert erläutert und der besondere Einfluss des amerikanischen Gangsterfilms betont. Die im Stück parodierten klassischen Dramenszenen werden ausführlich dargestellt und interpretiert. In Bezug auf die im Stück angewandten epischen Mittel wird die Bedeutung der neuen Medien, insbesondere des Films, hervorgehoben.

Brecht-Hand-buch, 1980

Die ausführlichste Untersuchung des Stücks stammt von Burkhardt Lindner (1982). Sie thematisiert im direkten Zusammenhang mit Brechts Rolle als Exilautor die Problematik der Geschichtsdarstellung und erläutert anschließend Brechts Theorie des epischen Theaters. Die eigentliche Werkanalyse geht von der Textgeschichte aus und untersucht dann anhand der »Basisverfremdung« des Werks – »Hitler als Al Capone« – (ebd., S. 32 ff.) die historischen Hintergründe im Nationalsozialismus und im amerikanischen Gangstermilieu. Im Zusammenhang mit der Behandlung der charakteristischen Form der Parabel und ihres satirischen Charakters geht Lindner auf literarhistorische Anspielungen wie die Verwendung des großen Stils der klassischen Dramen und die Nähe des Stücks zum elisabethanischen Drama sowie zum Jahrmarktsspektakel ein. Er untersucht anhand der Figurenkonstellation den Parabelcharakter und behandelt die Szenen im Einzelnen, wobei er einer Inhaltsangabe die historischen Titel des Stücks gegenüberstellt, die historischen Vorgänge erläutert und auf das Stück bezieht. Es folgt eine wirkungsgeschichtliche Darstellung, die anhand der Rezeptionsgeschichte zunächst wichtige Kritikpunkte aufzeigt, welche die Frage nach dem politischen Engagement des Autors, nach der Darstellung des Nationalsozialismus im Stück und nach der Angemessenheit der Parabelform bezüglich des gewählten Stoffs betreffen. Anschließend versucht Lindner eine Deutung anhand der unterschiedlichen Verfremdungseffekte im Sinne Brechts. Wichtige Gesichtspunkte sind die Frage nach der Darstellung Hitlers, nach dem künstlerischen Widerstand gegen den Faschismus, nach sprachlichen Besonderheiten des Textes und dem literarhistorischen Kontext sowie nach einer zeitgemäßen Inszenierung des Stücks.

Weitere umfassende Analysen finden sich bei Dieter Thiele (1998), Bernd Matzkowski (1999) und Gabriele Liedtke (2002). Alle drei Autoren folgen im Wesentlichen der Fragestellung Lindners. Thiele vergleicht das Stück außerdem mit Carl Zuckmayers (1896–1977) Schauspiel *Des Teufels General*.

Des Weiteren stehen Einzelaspekte im Interesse der Forschung. Raimund Gerz behandelt das Stück in seinem Band *Bertolt Brecht und der Faschismus* (1983) und fügt der allgemeinen Untersuchung ein Kapitel über den politischen und militärischen Hintergrund hinzu (S. 158–162). Alexander von Bormann stellt das Stück in den Kontext von Brechts antifaschistischer Literatur (1984, S. 321–342), Johannes Goldhahn analysiert in seiner (stark politisch wertenden) Untersuchung *Das Parabelstück Bertolt Brechts als Beitrag zum Kampf gegen den deutschen Faschismus* (1961) das antifaschistische Potenzial des Stücks unter dem Gesichtspunkt der Parabelform, und Peter Schneider geht der Frage nach, inwieweit Literatur als Widerstand gegen Politik wirksam werden kann (1977, S. 111–126). Auch der Bezug zum englischen Drama der Renaissance wurde mehrfach untersucht, so etwa bei Paul Kussmaul (1974, S. 118–123). Rodney T. K. Symington befasst sich speziell mit den verarbeiteten *Shakespearischen Elementen* (1970, S. 136–143), und Ute Baum konzentriert sich in ihrer Besprechung auf die Beziehung des Stücks zu Shakespeares *Richard III.* sowie auf das Thema des »großen Stils« (1971, S. 145–183). Helfried W. Seliger untersucht das Stück im Zusammenhang mit Brechts Amerikabild (1974, S. 191–218) und gibt dabei sehr genaue Informationen über die historischen Hintergründe des amerikanischen Gangstermilieus, auf die Brecht im Stück anspielt.

Aufschlussreiche Kritiken zu Aufführungen des Stücks finden sich in Monika Wyss' Sammelband *Brecht in der Kritik. Rezensionen aller Brecht-Uraufführungen sowie ausgewählter deutsch- und fremdsprachiger Premieren* (1977), bei Herbert Ihering (1980) und Ernst Schumacher (1977); Dokumente zur Aufführungspraxis liegen bei Manfred Wekwerth vor (1967, S. 38–55).

Das Fragment der Brecht'schen Erzählung *Wenige wissen heute ...* wird in Frank Dietrich Wagners *Bertolt Brecht: Kritik des Faschismus* (1989, S. 294–302) behandelt.

Der Aufstieg des Arturo Ui wurde neben den großen und äußerst bekannten Stücken Brechts wie etwa *Mutter Courage und ihre Kinder, Leben des Galilei oder Die Dreigroschenoper* von der Forschung häufig vernachlässigt, obwohl es einen starken Zeitbezug aufweist und mit dem Nationalsozialismus eine der wichtigsten Thematiken des 20. Jahrhunderts aufgreift. Im Folgenden soll das Stück daher sowohl in seinen historischen Bezügen als auch in seiner literarhistorischen und theatertheoretischen Tradition untersucht werden.

Um das Stück in seinem komplexen Aufbau zu verstehen, ist es ratsam, zunächst die wörtliche Ebene des Gangsterstücks und seine Parabolik, die auf das historische Geschehen des Nationalsozialismus in Deutschland bezogen ist, getrennt zu betrachten. Dies ist insofern legitim, als Brecht das Stück, obwohl er es selbst als Parabelstück bezeichnete (GBA 24, S. 318), nicht als

Schlüsselstück verstanden wissen wollte, sondern größten Wert darauf legte, dass die Gangsterhandlung eine unabhängige Lesart zulässt und die Handlung auch bei Ausblendung ihres historischen Bezugs aussagefähig bleibt:

>»Im *Ui* kam es darauf an, einerseits immerfort die historischen Vorgänge durchscheinen zu lassen, andrerseits die ›Verhüllung‹, (die eine Enthüllung ist) mit Eigenleben auszustatten, d. h., sie muß – theoretisch genommen – auch ohne ihre Anzüglichkeit wirken« (*Journale I*, 1.4.1941 – GBA 26, S. 469).

Quellen zum amerik. Gangstermilieu

Das Stück spielt im amerikanischen Gangstermilieu der Prohibitionszeit. Seine Informationen hierzu erhält Brecht einerseits aus Zeitungsartikeln, die er während seiner USA-Reise (1935–36) sammelt, andererseits von seinem Sohn Stefan, der sich mit der Verflechtung von Kapital und Gangsterwesen in Amerika beschäftigt (*Journale I*, 28. 3. 1941 – GBA 26, S. 469). Die atmosphärische Gestaltung des Stücks ist vom Genre des amerikanischen Gangsterfilms beeinflusst, das Brecht während seines Aufenthalts in den Vereinigten Staaten mit großem Interesse verfolgt. Seiner Gestaltung der Titelfigur liegt Fred D. Pasleys Biografie des legendären Gangsterbosses Al Capone zugrunde (*Al Capone. The Biography of a Self-Made Man*, London 1931), die – wie viele zeitgenössische Biografien und Gangsterfilme – den Aufstieg des Verbrechers in Analogie zum Aufstieg eines erfolgreichen Unternehmers zeigt. Dies kommt Brechts Anliegen entgegen, den Aufstieg Arturo Uis als Folge des Zusammenspiels und der geschickten Nutzung wirtschaftlicher und sozialer Bedingungen zu erklären.

Racketeering

Im Mittelpunkt der Gangsterhandlung steht das so genannte Racketeering, eine Form des organisierten Verbrechens, bei der unter Gewaltandrohung und -ausübung Schutzgelder erpresst und Kunden zur Abnahme von Waren gezwungen werden. Gerade im Chicago der 1930er-Jahre spielte diese Form der Bandenkriminalität, die sich den Anstrich eines legalen Handels gab, eine große Rolle und übertraf bald die *offensichtlich* illegalen Geschäfte wie Alkoholschwarzhandel und Prostitution an Bedeutung. Brecht greift reale Geschehnisse dieser Zeit auf, wie beispielsweise das St.-Valentins-Massaker oder den bei Pasley überlieferten Handshake murder (vgl. Seliger, S. 208 f.).

Im Stück stehen sich die Gangsterbande um Arturo Ui und die Geschäftsleute Chicagos gegenüber, was bereits durch ihre Namen deutlich wird: Letztere tragen – häufig sprechende – amerikanische Namen, die Verbrecher hingegen italienische, die auf die italienische Herkunft vieler Mitglieder des organisierten Verbrechens dieser Zeit hinweisen.

Durch die Titelfigur stellt Brecht eine Verbindung zwischen der Handlung des Stücks und ihrer parabolischen Lesart her. Dabei nutzt er die Tatsache, dass zwischen dem Leben und Wirken Hitlers auf der einen und dem des Gangsterchefs Al Capone auf der anderen Seite wichtige Übereinstimmungen bestehen: Diese betreffen die unbedeutende Herkunft beider, das Ringen um gesellschaftliche Anerkennung, das Training gesellschaftlichen Auftretens, aber auch die Bildung von Banden (die häufig scheinbar legal auftreten), brutalen Machterwerb, die ideologische Manipulation der Anhänger sowie das Schüren von Patriotismus (vgl. Seliger, S. 206 f.).

Al Capone und Hitler

Untersucht man die Namen der Figuren genauer, so lässt sich in ihnen ein erster Hinweis auf die übertragene Lesart des Stücks finden, denn einige dieser Namen ergeben, ins Deutsche übersetzt oder durch lautliche Ähnlichkeit, die Namen von nationalsozialistischen Politikern. In Brechts Aufzeichnungen findet sich eine Liste, in der er die Figuren des Stücks realen historischen Vorbildern zuordnet (vgl. GBA 7, S. 360). Der alte Dogsborough wird mit Reichspräsident Hindenburg, Arturo Ui mit Adolf Hitler parallel gesetzt. Giri, Roma und Givola finden ihre historischen Entsprechungen im preußischen Ministerpräsidenten, Reichsluftfahrtminister und späteren Reichsmarschall Hermann Göring, dem Stabschef der SA Ernst Röhm und Reichspropagandaminister Joseph Goebbels. Als Vorbild des Ignatius Dullfeet ist der österreichische Bundeskanzler Engelbert Dollfuß zu nennen. Des Weiteren repräsentieren die Herren des Karfioltrusts die Junker und Industriellen in Deutschland, die Gemüsehändler die deutschen Kleinbürger sowie die Gangster die deutschen Faschisten. Der Dockshilfeskandal verweist auf den Osthilfeskandal, der Speicherbrandprozess auf den Reichstagsbrandprozess. Neben diesen von Brecht ausdrücklich genannten Parallelen, erkennt man weitere Verbindungen: So kann die Fi-

Hist. Vorbilder der Figuren

155

gur der Betty Dullfeet auf Dollfuß' Nachfolger Kurt Schuschnigg bezogen werden, die des Angeklagten Fish auf den im Reichstagsbrandprozess als Brandstifter verurteilten Holländer Marinus van der Lubbe. Die Figur seines Verteidigers lehnt sich jedoch nicht an die reale Person des Verteidigers an, sondern trägt vielmehr die Züge des im historischen Reichstagsbrandprozess angeklagten kommunistischen Politikers Georgi Michailow Dimitroff. Die Figur des Reederei-Besitzers Sheet trägt die Züge General Kurt von Schleichers, die Figur des Geschäftsmannes Clark hat ihr Vorbild in Franz von Papen. Auch der Schauspieler der Schauspieler-Szene hat ein historisches Pendant: Er verweist auf den Münchner Hofschauspieler Fritz Basil, bei dem Hitler zeitweilig Unterricht nahm (vgl. Erl. zu 62,7–9).

Hist. Ereignisse Die den Szenen nachgestellten Projektionen verdeutlichen die Beziehung der Bilder zu historischen Begebenheiten. Auch hier greift Brecht auf historische Quellen zurück: Dem *Braunbuch über Reichstagsbrand und Hitler-Terror* (Basel 1933) entnimmt Brecht Informationen über den Reichstagsbrand und den darauf folgenden Prozess (die unter Historikern der heutigen Zeit jedoch als zweifelhaft gelten). Überdies dienen ihm Emil Ludwigs Hindenburg-Biografie (*Hindenburg und die Sage von der deutschen Republik*, Amsterdam 1935) sowie die Broschüre Otto Strassers *Sonnabend 30. Juni. Vorgeschichte, Verlauf, Folgen* als Vorlagen. Die weitaus wichtigste Quelle ist Rudolf Oldens Hitler-Biografie (*Hitler*, Amsterdam 1935), die der Gestaltung der Titelfigur des Stücks zugrunde liegt. Diese Biografie versucht durch Gegenüberstellung von Originalzitaten aus Hitlers *Mein Kampf* und historisch fundierten Fakten, das Leben Hitlers nachzuzeichnen und dabei die Lügen aufzudecken, die dieser bewusst über seine Person verbreitet hat.

Name der Titelfigur Der Name der Titelfigur kann nicht eindeutig hergeleitet werden: Er zeigt einerseits lautliche Übereinstimmungen mit dem Namen Adolf Hitlers, andererseits kann der Name »Ui« auch auf Brechts Tui-Begriff zurückgeführt werden. Dieser wurde durch Umstellung der Silben des Wortes in-tellekt-uell zu tellekt-uell-in gebildet und bezeichnet den »Vermieter seiner Denkkraft und Formulierungskunst, der seine intellektuellen Fähigkeiten zugleich für den Konkurrenzkampf gegen andere Tuis ge-

braucht, um die eigene Marktgeltung herauf- und die der andern
herabzusetzen« (Wolfgang Fritz Haug, *Brechts Tui-Kritik*, in:
Argument-Sonderband 11, hg. v. W. F. Haug, Karlsruhe 1976,
S. 5; vgl. auch von Bormann, S. 332).

Betrachtet man die wörtliche Ebene des Stücks im Zusammenhang mit ihren historischen Entsprechungen, so erkennt man,
dass Brecht hier mit dem Mittel der Verfremdung arbeitet: Er   Verfremdung
wählt einzelne historische Vorgänge aus der Zeit des deutschen
Nationalsozialismus zur Grundlage seiner Szenen, stellt diese
jedoch nicht in ihrem historischen Kontext dar, sondern verlegt
sie ins amerikanische Gangstermilieu und bedient sich hiermit
des traditionellen Mittels der Travestie (GBA 7, S. 8,15; vgl.   Travestie
Baum, S. 172). Diese Verfremdungstechnik spielt in Brechts
Werk im Allgemeinen und in seiner Theorie des epischen Theaters im Besonderen eine zentrale Rolle (vgl. Knopf 1974, S. 15–   Theorie des
60). In seiner Schrift *Über eine nichtaristotelische Dramatik*   epischen
heißt es hierzu: Theaters

> »Einen Vorgang oder einen Charakter verfremden heißt zu-
> nächst einfach, dem Vorgang oder dem Charakter das Selbst-
> verständliche, Bekannte, Einleuchtende zu nehmen und über
> ihn Staunen und Neugierde erzeugen« (GBA 22,1, S. 554).

Wozu diese Verfremdung der allseits bekannten Vorgänge im
nationalsozialistischen Deutschland dienen soll, kann man aus
Brechts Schrift *Kleines Organon für das Theater* ableiten: »Die
neuen Verfremdungen sollten nur den gesellschaftlich beeinfluß-
baren Vorgängen den Stempel des Vertrauten wegnehmen, der
sie heute vor dem Eingriff bewahrt« (GBA 23, S. 81). Die genannten »gesellschaftlichen Vorgänge« sind im Falle des *Arturo
Ui* die historischen Ereignisse aus der Zeit des Nationalsozialismus. Diese sind – wenn auch nicht in allen Einzelheiten – allgemein bekannt. Doch behauptet der Autor, dass sie eben durch
ihre Bekanntheit vom Betrachter als gegeben hingenommen und
nicht hinterfragt werden. Sein Interesse zielt darauf, den Betrachter aus der Rolle des passiv Konsumierenden zu reißen und
ihn zur kritischen Hinterfragung der Geschehnisse zu bewegen.
Da die Passivität des Zuschauers zum größten Teil auf dessen
Einfühlung ins Bühnengeschehen beruht, die eine dialektische
Behandlung des Stoffs unmöglich macht, ist es das vorderste Ziel

des Theaters, diese Einfühlung zu verhindern (vgl. Goldhahn, S. 108). Genau dies geschieht durch das Mittel der Verfremdung. Im *Arturo Ui* liegt gar eine doppelte Verfremdung vor: Brecht fasst unter dem Begriff Doppelverfremdung die Bereiche »Gangstermilieu und großer Stil« zusammen (*Journale I*, 28. 3. 1941 – GBA 26, S. 469). Die Ebene der Verfremdung durch das Gangstermilieu wurde bereits erläutert: Um den Respekt vor den Verbrechern des Nationalsozialismus zu zerstören, stellt sie die historischen Ereignisse in den wenig erhabenen Kontext des Blumenkohlhandels, behandelt das Geschehen in Form einer »Historienfarce« und bricht so die Distanz zwischen dem historischen Geschehen und dem Betrachter auf (vgl. Goldhahn, S. 111).

Doppelver-
fremdung

Großer Stil Mit der Nennung des »großen Stils« verweist Brecht auf die Dramen des Elisabethanischen Zeitalters sowie der deutschen Klassik, deren hoher ethischer Gehalt als beispielhaft angesehen wurde (vgl. Kussmaul, S. 121 f.). Er zitiert diese Dramenform durch die nahezu durchgängige Verwendung des ungereimten Blankvers fünfhebigen Jambus, des Blankverses, als traditionelles Versmaß dieser Gattung. Da die gebundene Rede weder dem Gangstermilieu noch dem deutschen Nationalsozialismus angemessen ist (vgl. Baum, S. 170), erhält sie eine verfremdende Wirkung. Sie steht als Kunstsprache im Gegensatz zum Slang der Gangsterwelt und der propagandistischen Sprache der Nationalsozialisten, stellt jedoch auch durch ihre traditionelle Verwendung für Stoffe mit hohem moralischem Gehalt den größten Kontrast zu den verbrecherischen und mörderischen Gesellschaften der Prohibitionszeit und des deutschen Nationalsozialismus dar. Brecht sieht im Blankvers das »Anachronistische an sich, das fatale Feudale« und hält ihn für die Darstellung des Emporkömmlings Ui besonders geeignet: »Nimmt man ihm das Verkastelte, Gewundene und Förmliche des höfisch offiziellen Ausdrucks, wird er leer und ›gewöhnlich‹, ein Emporkömmling« (*Journale I*, 12. 4. 1941 – GBA 26, S. 472). Im Gegenzug lässt seine Verwendung jedoch auch die Deutung zu, der Autor stelle die Begebenheiten des Stücks auf die Ebene des klassischen Dramas und fordere deren Beurteilung nach den hohen humanistischen Maßstäben dieser Gattung. Ob Brecht mit der unangemessenen Ver-

wendung des hohen Stils jedoch auch das klassische Drama
selbst entlarven wollte, indem er dessen äußere vollkommene
Form als Mittel zur Vertuschung der wahren Inhalte zeigt, ist
umstritten (vgl. Kussmaul, S. 122; Völker, S. 232; Symington,
S. 137).

Neben der formalen Übernahme des Metrums der klassischen
Dramen stellt Brecht durch die so genannte »Ausstellung klassischer Formen« (*Journale I*, 28. 3. 1941 – GBA 26, S. 469) eine
weitere Verbindung zu dieser Gattung her. Dabei zitiert er in der
Schauspieler-Szene (6. Bild, GBA 7, S. 49–55) die Rede Mark
Antons aus Shakespeares *Julius Caesar*, im 13. Bild (GBA 7,
S. 98–104) die beiden Werbungsszenen aus Shakespeares *Richard III.* sowie in Szene 14 (ebd., S. 105 f.) die Geisterszenen
aus *Richard III.* bzw. *Macbeth*. Die 12. Szene des *Arturo Ui*
(ebd., S. 90–97) findet in der Gartenszene aus Goethes *Faust I*
ihr Vorbild. Außer den genannten Dramen klassischer Autoren
zitiert Brecht auch mehrmals die Bibel (vgl. ›Wort- und Sacherläuterungen‹).

Ausstellung
klass. Formen

Die Deutung dieser Technik der Intertextualität lässt mehrere
Ansätze zu: Brecht stellt sein Schauspiel durch die »Ausstellung
klassischer Formen« in die literarhistorische Tradition der Tragödien der Weimarer Klassik und der Elisabethanischen Historiendramen (vgl. von Bormann, S. 335). Letztere nennt er in seinem dem Stück vorangestellten *Hinweis für die Aufführung*
(GBA 7, S. 8) ausdrücklich als literarisches Vorbild. Er übernimmt mit Vorhängen, Podesten und bemalten Prospekten nicht
nur bühnentypische Elemente dieser Gattung, sondern legt die
gesamte Handlung des Stücks in Analogie zu den großen Historiendramen an, indem er den Aufstieg einer historischen Persönlichkeit auf der Bühne nachzeichnet. Während im Elisabethanischen Historiendrama jedoch Aufstieg und Fall der Persönlichkeit innerhalb eines religiös bedingten Weltbildes ablaufen
und am Schluss des Stücks die zuvor aus den Fugen geratene
göttliche Ordnung wiederhergestellt ist, zeigt Brecht den Aufstieg Arturo Uis zum führenden Gangsterchef Chicagos innerhalb der Welt des modernen Menschen, indem er den Aufstieg
als durch die Gesetze des Marktes bedingt darstellt. Wie das
Leben der »Helden« des klassischen Dramas durch die Vorse

Intertextualität

hung bestimmt war, so legitimiert Arturo Ui (und sein Vorbild Hitler) seine Verhaltensweise durch das eigene Sendungsbewusstsein (vgl. Goldhahn, S. 110).

Klassiker-Rezeption des Nationalsozia-lismus

Durch das Zitieren klassischer Dramen thematisiert Brecht jedoch auch die zeitgenössische Rezeption dieser Stücke während des Nationalsozialismus und das auf ihr basierende Theaterverständnis der Zeit, dessen Interesse sich auf die Stücke der deutschen Klassik konzentriert und diese durch ihre Inszenierung im Sinne einer faschistischen Propaganda entstellt und damit missbraucht (vgl. Völker, S. 233), was durch die Einfühlung in das Bühnengeschehen erst ermöglicht wird (vgl. Kussmaul, S. 120).

Theatralik des Nationalsozia-lismus

Brecht verweist hier jedoch nicht allein auf den typischen Theaterstil der Nationalsozialisten, sondern thematisiert vielmehr auch die »Theatralik« des Nationalsozialismus selbst, die er wie folgt analysiert:

> »Es ist ja kein Zweifel möglich, daß die Faschisten sich ganz besonders theatralisch benehmen. Sie haben besonderen Sinn dafür. Sie sprechen selber von *Regie*, und sie haben einen ganzen Haufen von Effekten direkt aus dem Theater geholt, die Scheinwerfer und die Begleitmusik, die Chöre und die Überraschungen« (GBA 22,1, S. 563).

Burkhardt Lindner weist in diesem Zusammenhang auf den hohen technischen Standard der nationalsozialistischen Selbstinszenierung hin (Lindner, S. 108). So werden in dieser Zeit Rundfunk und Film zu Multiplikatoren der faschistischen Propaganda, und Kundgebungen sowie Massenaufmärsche mit Lichtspektakeln, Fackelzügen und martialischer Musik stellen nur einen kleinen Teil der Mittel dar, die der Nationalsozialismus zur Manipulation der Massen heranzieht.

Selbstinszenie-rung Hitlers

Mit der Schauspieler-Szene (GBA 7, S. 49 ff.), die zu den Schlüsselszenen des Stücks zählt, thematisiert Brecht die Selbstinszenierung Hitlers: Ui nimmt bei einem Schauspieler Unterricht, um die Gestik, Mimik und Rhetorik zu erlernen, die er benötigt, um sich massen- und medienwirksam in Szene setzen und so die »kleinen Leute« (GBA 7, S. 51) manipulieren zu können (vgl. Liedtke, S. 62–71; Thiele, S. 48–51). Dass Brecht die – antrainierte – Körpersprache der führenden Nationalsozialisten sehr genau studiert hat, zeigt die Tatsache, dass er Pressefotos, die diese in typischen Posen zeigen, ins erste Typoskript seines Stücks klebte.

Das Zitieren von Gesten soll jedoch keinesfalls nur den Bezug zu historischen Personen herstellen, sondern nimmt auch in Brechts epischem Theater eine zentrale Rolle ein. Dabei bezieht sich das Gestische nicht allein auf körperliche Gesten, sondern wird auf alle Bereiche des Schauspiels übertragen, beispielsweise auch auf die Sprache. Der Gestus nimmt typische menschliche Verhaltensweisen auf, denen eine bestimmte Haltung zugrunde liegt, und dient deren Verdeutlichung auf der Bühne, wobei er so weit gehen kann, diese von ihrem natürlichen Kontext zu trennen. Somit stellt er ein wichtiges Mittel zur Verfremdung dar und wird primär zur Analyse sozialer Beziehungen angewandt. Besondere Bedeutung erhält das Prinzip des Gestischen für den Schauspieler des epischen Theaters, der anders als im aristotelischen Theater sich keinesfalls mit seiner Rolle identifizieren, sondern diese mit kritischem Abstand »zeigen« soll. Dabei stellen die Schauspieler nicht nur die Bühnenfigur selbst dar (der »Verwandlung« in sie), vielmehr bringen sie auch die Sicht der Schauspieler, welche die jeweilige Rolle verkörpern, zusätzlich ein, was nicht nur eine kritische Haltung zum Bühnengeschehen und zur dargestellten Figur durch die Akteure ermöglicht, sondern auch das Publikum zu kritischem Beobachten anhält und so kritiklose Einfühlung verhindert (zur Problematik des Gestischen im Theater Brechts vgl. Ritter 1986, Heinze 1992).

Auch die Sprache als wichtige Komponente der faschistischen Selbstinszenierung im Stück muss beachtet werden. Brecht geht es in dieser Hinsicht darum, den Inhalt oder auch die Leere sprachlicher Gesten aufzudecken (vgl. Haug 1980). Dabei ist vorauszuschicken, dass es sich bei der gebundenen Rede des Schauspiels um eine Kunstsprache handelt, die nicht versucht, die Alltagssprache der beiden Bezugsebenen des amerikanischen Gangstermilieus und des Nationalsozialismus detailgenau zu kopieren, sondern ihnen lediglich aussagekräftige Elemente – sprachliche Gesten – entnimmt. Auf der Ebene des Gangsterstücks fällt vor allem eine häufige Verwendung von Anglizismen auf. Dabei werden die englischen bzw. amerikanischen Wörter entweder unverändert ins Deutsche übernommen (Supper, GBA

Das gestische Prinzip

Der Schauspieler im epischen Theater

Sprache

Anglizismen

7, S. 16,19) oder erscheinen aber in ihrer deutschen Übersetzung (fischig: abgeleitet vom englischen »fishy«, GBA 7, S. 13,16; schattig: abgeleitet vom englischen »shady«, GBA 7, S. 47,22).

Sprache der Nationalsozialisten

Auf der Parabelebene greift Brecht in formaler und inhaltlicher Hinsicht auf die rhetorische Sprache der Nationalsozialisten zurück (vgl. Lindner, S. 114 ff.), die eine der wichtigsten Grundlagen der faschistischen Propaganda darstellt und durch das unmittelbare Aufeinandertreffen von unkultivierter, aber massenverständlicher Umgangssprache auf der einen und pathetischem Ausdruck auf der anderen Seite geprägt ist. Während der Satzbau parataktische Konstruktionen bevorzugt, der Nominalstil vorherrscht und sogar Slangausdrücke im Stück Verwendung finden, bedient sich die große Rede Arturo Uis zur Emotionalisierung der Zuhörer einer Sprache, die durch die Verwendung religiöser Floskeln und die Nennung ethisch-moralischer Begriffe den Glauben und das Ehrgefühl der Zuhörer zu erreichen sucht, die aber im Gegenzug auch nicht vor üblen Beschimpfungen auf niedrigstem Niveau zurückschreckt. Wie Lindner bemerkt, vermeidet es Brecht, Reden Hitlers wörtlich zu zitieren, da ihnen »ein historischer Ereignischarakter nicht erst zugestanden werden« soll (vgl. Lindner, S. 118).

Kritik am Stück

Auch anhand der am *Arturo Ui* geübten Kritik lassen sich interessante Aspekte des Stücks aufdecken (vgl. dazu auch ›Rezeption‹):

Im Mittelpunkt der Kritik steht der Umgang mit der deutschen Geschichte, die Form von deren Thematisierung auf der Bühne und die Angemessenheit dieser Form in Bezug auf das historische Geschehen (vgl. Goldhahn, S. 108). Die ästhetische Komponente des Stücks, seine Dramaturgie und sein poetologischer Gehalt werden dabei jedoch – gegen den ausdrücklichen Willen des Autors – häufig vernachlässigt.

Th. W. Adorno

In seinem Text *Staatsaktion* befasst sich Theodor W. Adorno mit der Frage nach der Darstellbarkeit von Geschichte in der Kunst (Th. W. Adorno, *Gesammelte Schriften*, Band 4: *Minima Moralia. Reflexionen aus dem beschädigten Leben*, hg. v. Rolf Tiedemann, Frankfurt/M. 1980, S. 160–163) und vertritt die These, dass Geschichte generell nicht darstellbar sei (ebd., S. 160) und deren psychologisierende Darstellungsweise ebenso schei-

tern müsse wie die modellhaft vereinfachende. Er sieht die
»Übersetzung« der Bilder der Geschichte in »Archetypen« als
Versuch eines Dichters, diese ausdrucksfähig zu machen (ebd.,
S. 162). Als Beispiel hierfür zieht er, ohne den Titel des Stücks zu
nennen, Brechts *Arturo Ui* heran und kritisiert an diesem, dass
sich die äußerst differenzierten Vorgänge der politischen Öko-
nomie nicht in Form einer Parabel darstellen ließen (ebd.,
S. 162).

Grundlegend für die Deutung des Bühnengeschehens ist das Ge-
schichtsverständnis des Stücks. Es basiert auf der marxistischen
Theorie des Faschismus, die diesen als die logische Folgeer-
scheinung des Kapitalismus sieht (vgl. Gerz 1983, S. 59 ff.; Thiele, S. 12–15; Goldhahn, S. 109). So ist es zu erklären, dass Brecht
die politischen Sachverhalte in die Welt der Wirtschaft verlagert,
was jedoch auf zum Teil entschiedene Kritik gestoßen ist. Dabei
wurde bemängelt, dass durch die Konzentration des Stücks auf
ökonomische Vorgänge die komplexen politischen und sozialen
Verhältnisse des Nationalsozialismus außer Acht gelassen und
diese dadurch verzerrt würden (vgl. Haug 1980, S. 181 f.). Interessanterweise nahm besonders die sozialistische Kritik um
Georg Lukács Anstoß an Brechts Parabelstücken im Allgemeinen, da sie in ihnen den Grundsatz der geforderten realistischen
Schreibweise verletzt sah und ihr antifaschistisches Potenzial be-
zweifelte (vgl. Lindner, S. 74 ff.).

Auch die Wahl der historischen Episoden, die den einzelnen Szenen zugrunde liegen, stieß aus unterschiedlichen Gründen auf
Ablehnung: Man warf dem Autor die Überbewertung des Osthilfeskandals vor, der in der Geschichte nicht das ausschlagge-
bende Ereignis für den Niedergang der Weimarer Republik und
den Machtantritt der Nationalsozialisten darstellte. In Kenntnis
des oben genannten Geschichtsverständnisses von Brecht muss
jedoch angemerkt werden, dass die Wahl dieses Stoffs keinesfalls
auf geschichtlicher Unkenntnis beruht, sondern darauf zurückzuführen ist, dass sie die Verflechtung von Politik und Wirtschaft
bzw. wirtschaftlichen Interessen ihrer Vertreter in idealer Weise
repräsentiert.

Auch die scheinbar willkürliche Wahl der im Stück »durch-
scheinenden« (*Journale I*, 1.4.1941 – GBA 26, S. 469) histori-

Marxist.
Verständnis
des
Faschismus

Georg Lukács

Episoden-
haftigkeit

schen Ereignisse rief vielfach Kritik hervor. Sie ist einerseits auf die Konzeption des epischen Theaters zurückzuführen, das den kausalen Szenen-Zusammenhang des klassischen Dramas durch eine lockere Reihung der Bilder ersetzt. Andererseits kommt so die von Brecht beabsichtigte Modellhaftigkeit des Stücks zum Ausdruck: »Das Stück will keinen allgemeinen, gründlichen Aufriß der historischen Lage der dreißiger Jahre geben« (GBA 24, S. 318; vgl. auch Wagner, S. 300). Auch in der Konzentration des *Arturo Ui* auf den kleinen Personenkreis der Gangster auf der einen und der Geschäftsleute auf der anderen Seite wird dies erkennbar. In diesem Zusammenhang wurde das Fehlen einer Gegenpartei zur Gruppe der Ui'schen Gangster kritisiert, das die bürgerliche Kritik in einer Darstellung des antifaschistischen Volks, die marxistische Kritik jedoch in der Darstellung der engagierten Arbeiterschaft erwartet hätte. Brecht entkräftet dieses Argument mit dem Hinweis, dass die genannten sozialen Gruppen im Rahmen der satirischen Darstellung keine angemessene Darstellung hätten erfahren können.

Ein weiteres Problem ergibt sich aus der Diskrepanz zwischen der Entstehungszeit des Stücks und dem Datum seiner Uraufführung. Dabei stellt sich die Frage, ob das Stück, das alle bei seiner Entstehung im Jahre 1941 verfügbaren historischen Fakten berücksichtigt, auch *nach* den Geschehnissen des Nationalsozialismus und des Zweiten Weltkriegs noch haltbar sei, oder ob es vielmehr durch die Ausblendung der Bereiche der Judenvernichtung, des Rassismus und der ideologischen Vereinnahmung der Massen die Geschichte verharmlose. Dass Brecht sich dieser Problematik durchaus bewusst war, zeigt die Tatsache, dass er dem Stück in den 1950er-Jahren eine verschärfte Form des Prologs voranstellt, in dem er mit der Nennung der »Geschichte, die man hier kaum kennt« (GBA 7, S. 9,29) und des »heiklen Gegenstand[s]« (GBA 7, S. 9,25) auf die jüngste Vergangenheit anspielt. Abweichend von seiner sonstigen Vorgehensweise unterzieht er das Stück keiner neuen Bearbeitung, um es den Erfahrungen der Gesellschaft anzupassen. Dies mag angesichts der großen Bedeutung, die der Autor dem historischen Bezug des *Arturo Ui* beimisst und die er unter dem Stichwort der »Historisierung« behandelt, verwundern, wird jedoch verständlich,

Modell-charakter *(marginal note)*

Berechtigung des Stücks nach 1945 *(marginal note)*

wenn man bedenkt, dass er die Aufführung des Stücks vor einem deutschen Nachkriegspublikum letztendlich aufgrund von dessen »mangelnder historischer Reife« nicht befürwortete (vgl. ›Entstehungs- und Textgeschichte‹).

Ein weiterer Kritikpunkt betrifft die satirische Form der Behandlung des Stoffs. Zwar stellt die Satire eine ideale (und traditionelle) Form zur Anprangerung gesellschaftlicher Missstände dar, doch wird sie im vorliegenden Fall wegen der Komik, die aus ihrer verzerrten Darstellungsweise resultiert, als dem »tod«-ernsten Thema nicht angemessen beurteilt (vgl. Goldhahn, S. 108). Satire

Auch die Geisterszene wurde kontrovers diskutiert (vgl. Brief Lothar Kusches an Benno Slupianek vom 21. 1. 1954, in: Gerz 1983, S. 116), da sie nach literarhistorischer Tradition die Position des Geistes für (angeblich) moralisch richtig erklärt und somit im vorliegenden Stück den Verbrecher Roma zum Opfer macht. Dies wird umso brisanter, da das historische Vorbild der Figur, Ernst Röhm, ein führender Nationalsozialist war, der allerdings 1934 dem eigenen Regime zum Opfer fiel. Brecht erkannte die Problematik dieser Szene und gab seinen Kritikern Recht: »So wie der Text jetzt ist, erhält ein fetter, versoffener Nazi Märtyrerzüge« (GBA 24, S. 319; vgl. auch Kussmaul, S. 119). Geisterszene

Die Anmerkung eines Kritikers »War der erste Teil noch getragen von dem Elan der Idee und mit künstlerischen Zielen durchgeformt, so folgen jetzt Szenen, die nach Zitaten gearbeitet sind« (Siegfried Melchinger, *Stuttgarter Zeitung*, 21. 11. 1958) kann jedoch als Kritik nicht ernst genommen werden, da sie ihre Unkenntnis der Brechtschen Arbeitsweise mit Zitaten aus literarischen Werken anderer Autoren verrät.

Abschließend sollte vor dem Hintergrund von Brechts Theorie des epischen Theaters die beabsichtigte Wirkung des Stücks auf den Zuschauer untersucht werden. Ausgehend von einem Menschenbild des veränderbaren und verändernden Menschen (vgl. Schneider, S. 123) versteht sich Brechts Theater generell als gesellschaftlich wirksames Theater, das den Zuschauern zur Erkenntnis des Gezeigten verhelfen und in ihnen das Bedürfnis wecken möchte, diese Erkenntnis zu einem aktiven Eingreifen in Gesellschaftl. Wirksamkeit des Theaters die Wirklichkeit jenseits des Theaters zu nutzen. Dabei hält es alle bekannten Vorgänge für beeinflussbar, sobald sie erkannt sind und nicht mehr als gegeben hingenommen werden. In diesem Zusammenhang lässt sich auch der ursprüngliche Titel des Stücks – *Der aufhaltsame Aufstieg des Arturo Ui* – deuten: Ui wird in seinem kriminellen Aufstieg zwar nicht aufgehalten, könnte jedoch prinzipiell aufgehalten werden, wenn die ihn umgebende Gesellschaft sich entsprechend verhielte. Überträgt man diese Aussage auf die Parabelebene des Stücks, so wird dessen antifaschistischer Charakter erkennbar: Es versucht, dem Publikum Einblicke in die Bedingungen zu geben, die zum Entstehen des Faschismus führen, um es in die Lage zu versetzen, diese zu bekämpfen. Der deutsche Nationalsozialismus, der den konkreten Stoff liefert, stellt dabei nur *eine* mögliche Erscheinungsform des mörderischen Faschismus dar. Es sollen vielmehr die Gründe für das Versagen der Demokratie und die gesellschaftlichen Bedingungen für das Entstehen einer Diktatur aufgezeigt werden (vgl. Haug 1980, S. 191). In diesem Zusammenhang erklärt sich, weshalb Brecht nach dem Krieg den Titel des Stücks änderte, denn durch die Streichung des Adjektivs »aufhaltsam« erhält es eine völlig andere Tendenz. Wollte es während der Zeit des Nationalsozialismus dessen Hintergründe aufdecken, um ihn zu bekämpfen, so betont der neue Titel nach dem Krieg die Tatsache, dass der Aufstieg nicht aufgehalten wurde, obgleich dies möglich gewesen wäre. In dieser Hinsicht kann die Änderung des Titels als ein Akt der Historisierung gewertet werden, da Brecht das Stück den Erfahrungen der Geschichte anpasst. Somit ist die Kritik, er habe auf die Erfahrungen des Nationalsozialismus nicht reagiert, weil er den *Arturo Ui* nicht wesentlich bearbeitet habe, in diesem Punkt nicht gerechtfertigt.

Die verfremdende Darstellung der historischen Ereignisse in Form eines Gangsterstücks zeigt, dass die Gesetze des Marktes in der Welt der Geschäftsleute, der demokratischen Gesellschaft, dem verbrecherischen Gangstermilieu und der faschistischen Gesellschaft des Nationalsozialismus gleichermaßen wirken. Es stellt die historischen Persönlichkeiten des Nationalsozialismus auf eine Stufe mit den Verbrechern der amerikanischen Gangsterwelt, bescheinigt jedoch auch dem amerikanischen Gangsterwesen und der Welt des Kapitalismus faschistoide Züge.

Die satirische Behandlung des Stoffes soll ihn keinesfalls verharmlosen, sondern die großen politischen Verbrecher »der Lächerlichkeit preisgeben« (GBA 24, S. 316 f.). Brechts Ziel ist es, den Verbrechern ihre – wenn auch negative – Erhabenheit zu nehmen: »Denn sie sind vor allem keine großen politischen Verbrecher, sondern die Verüber großer politischer Verbrechen, was etwas ganz anderes ist« (GBA 24, S. 316). Er zielt darauf, »den Respekt vor den großen Tötern« zu »zerstören« (GBA 24, S. 317), um sie angreifbar zu machen und somit der Gesellschaft einen durch das Stück angeregten Kampf gegen den Faschismus zu ermöglichen.

Literaturhinweise

Die Verweise auf Brechts Texte beziehen sich auf folgende Ausgabe:

Brecht, Bertolt: *Werke, Große kommentierte Berliner und Frankfurter Ausgabe*, hg. v. Werner Hecht, Jan Knopf, Werner Mittenzwei und Klaus-Detlef Müller, Berlin und Weimar/Frankfurt/M. 1988–2000. [zit. als GBA mit Bandnummer und Seitenzahlen]

A. Textausgaben (Auswahl)

Der aufhaltsame Aufstieg des Arturo Ui. In: »Sinn und Form, 2. Sonderheft Bertolt Brecht«, Berlin 1957, S. 7–99.

Der aufhaltsame Aufstieg des Arturo Ui, Frankfurt/M. 1965 (edition suhrkamp 144).

Der aufhaltsame Aufstieg des Arturo Ui. In: Brecht, Bertolt: *Gesammelte Werke in 20 Bänden, Bd. 4: Stücke*, Frankfurt/M. 1967 (Werkausgabe edition suhrkamp).

Der Aufstieg des Arturo Ui, GBA 7, Berlin und Weimar/Frankfurt/M. 1991 S. 7–115.

B. Materialien

Gerz, Raimund: *Brechts »Aufhaltsamer Aufstieg des Arturo Ui«. Materialien*, Frankfurt/M. 1983.

C. Brechts historische Quellen

Adamic, Louis: *The Story of Class Violence in America*, New York 1931.

Braunbuch – Über Reichstagsbrand und Hitler-Terror, Basel 1933.

Ludwig, Emil: *Hindenburg und die Sage von der deutschen Republik*, Amsterdam 1935.

Olden, Rudolf: *Hitler*, Amsterdam 1935.

Pasley, Fred D.: *Al Capone. The Biography of a Self-Made Man*, London 1931.

Strasser, Otto: *Sonnabend 30. Juni. Vorgeschichte, Verlauf, Folgen*, 1934 (Broschüre).

D. Interpretationen und Forschungsliteratur

Baum, Ute: *Bertolt Brechts Verhältnis zu Shakespeare*, Berlin 1971.

Bormann, Alexander von: »Gegen die Beschädigung des menschlichen Denkvermögens: Brechts antifaschistische Dramen«. In: *Brechts Dramen. Neue Interpretationen*, hg. v. Walter Hinderer, Stuttgart 1984, S. 321–342. [zit. als: von Bormann]

Epp, Peter: »Bertolt Brecht – Der aufhaltsame Aufstieg des Arturo Ui«. In: ders.: *Die Darstellung des Nationalsozialismus in der Literatur*, Frankfurt/M. 1985, S. 41–72.

Gerz, Raimund: »Der Aufstieg des Arturo Ui«. In: *Brecht-Handbuch in fünf Bänden*, hg. v. Jan Knopf, Band I: *Stücke*, Stuttgart/Weimar 2001, S. 459–474.

Goldhahn, Johannes: *Das Parabelstück Bertolt Brechts als Beitrag zum Kampf gegen den deutschen Faschismus*, Rudolstadt 1961. [zit. als: Goldhahn]

Haug, Wolfgang Fritz: »Bürgerhandeln, starker Mann und großer Stil. Beitrag zu einer Aktualisierung des UI-Stücks«. In: *Aktualisierung Brechts*, hg. v. W. F. Haug, Klaus Pierwoß und Karen Ruoff, Berlin 1980, S. 180–192. [zit. als: Haug 1980]

Knopf, Jan: »Der aufhaltsame Aufstieg des Arturo Ui«. In: ders.: *Brecht-Handbuch – Theater. Eine Ästhetik der Widersprüche*, Stuttgart 1980, S. 227–237.

Kussmaul, Paul: »Anklänge an Shakespeare in Stücken Brechts. 2. Der aufhaltsame Aufstieg des Arturo Ui«. In: *Bertolt Brecht und das englische Drama der Renaissance*, Frankfurt/M. 1974, S. 118–123. [zit. als: Kussmaul]

Liedtke, Gabriele: *Bertolt Brecht. Der aufhaltsame Aufstieg des Arturo Ui*, Freising 2002. [zit. als: Liedtke]

Lindner, Burkhardt: *Bertolt Brecht: »Der aufhaltsame Aufstieg des Arturo Ui«*, München 1982. [zit. als: Lindner]

Matzkowski, Bernd: *Bertolt Brecht: Der aufhaltsame Aufstieg des Arturo Ui*, Hollfeld 1999.

Schneider, Peter: »Literatur als Widerstand. Am Beispiel von Bert Brechts ›Arturo Ui‹«. In: ders.: *Atempause. Versuch, meine Gedanken über Literatur und Kunst zu ordnen*, Reinbek bei Hamburg 1977, S. 111–126. [zit. als: Schneider]

Seliger, Helfried W.: »1933–1941. Amerika: Makler- und Verbrecherwesen«. In: *Das Amerikabild Bertolt Brechts*, Bonn 1974, S. 191–218. [zit. als: Seliger]

Symington, Rodney T. K.: »Shakespearische Elemente in ›Arturo Ui‹«. In: ders.: *Brecht und Shakespeare*, Bonn 1970, S. 136–143. [zit. als: Symington]

Thiele, Dieter: *Bertolt Brecht. Der aufhaltsame Aufstieg des Arturo Ui*, Frankfurt/M. 1998. [zit. als: Thiele]

Völker, Klaus: »Der aufhaltsame Aufstieg des Arturo Ui«. In: *Brecht-Kommentar zum dramatischen Werk*, München 1983, S. 227–233. [zit. als: Völker]

Wagner, Frank Dietrich: »Die Geschichte des Giacomo Ui«. In: ders.: *Bertolt Brecht. Kritik des Faschismus*, Opladen 1989, S. 294–302. [zit. als: Wagner]

Werkwerth, Manfred: »›Der aufhaltsame Aufstieg des Arturo Ui‹. Ein Gangsterspektakel von Bertolt Brecht«. In: ders.: *Notate. Über die Arbeit des Berliner Ensembles 1956 bis 1966*, Frankfurt/M. 1967, S. 38–55.

E. Weitere Literatur zu Brecht

Esslin, Martin: *Brecht. Das Paradox des politischen Dichters*, Frankfurt/M. 1962.

Gerz, Raimund: *Bertolt Brecht und der Faschismus*, Bonn 1983. [zit. als: Gerz 1983]

Hahnloser-Ingold, Margrit: *Das englische Theater und Bert Brecht. Die Dramen von W. H. Auden, John Osborne, John Arden in ihrer Beziehung zum epischen Theater von Bert Brecht und den gemeinsamen elisabethanischen Quellen*, Bern 1970.

Hecht, Werner: »*alles was Brecht ist ...*«. *Fakten – Kommentare – Meinungen – Bilder*, Frankfurt/M. 1997.

Heinze, Helmut: *Brechts Ästhetik des Gestischen. Versuch einer Rekonstruktion*. Heidelberg 1992

Knopf, Jan: *Bertolt Brecht. Ein kritischer Forschungsbericht. Fragwürdiges in der Brecht-Forschung*, Frankfurt/M. 1974. [zit. als: Knopf 1974]

–: »Hinweise zur Satire bei Brecht. Der ›Denkismus‹ zum Beispiel«. In: *Brecht-Journal*, hg. v. Jan Knopf, Frankfurt/M. 1983, S. 54–61. [zit. als: Knopf 1983]

Knopf, Jan (Hg.): *Brecht-Handbuch in fünf Bänden*, Stuttgart/Weimar 2001–2003.

Kussmaul, Paul: *Bertolt Brecht und das englische Drama der Renaissance*, Frankfurt/M. 1974.

Mittenzwei, Werner: *Das Leben des Bertolt Brecht oder Der Umgang mit den Welträtseln*, 2 Bände, Frankfurt/M. 1987.

Ritter, Hans Martin: *Das gestische Prinzip bei Bertolt Brecht*, Köln 1986.

Schumacher, Ernst u. Renate: *Leben Brechts in Wort und Bild*, Berlin 1978.

Seliger, Helfried W.: *Das Amerikabild Bertolt Brechts*, Bonn 1974. [zit. als: Seliger]

–: *Brecht? Berichte, Erfahrungen, Polemik*, München 1976.

F. Kritiken zu Brecht-Aufführungen

Bathrick, David: »Ein Ui kommt nach Cicero«. In: *Brecht Jahrbuch 1975*, S. 159–163.
Ihering, Herbert: *Bert Brecht hat das dichterische Antlitz Deutschlands verändert. Gesammelte Kritiken zum Theater Brechts*, hg. v. Klaus Völker, München 1980. [zit. als: Ihering]
Schumacher, Ernst: *Brecht-Kritiken*, hg. v. Dr. Christa Neubert-Herwig, Berlin 1977. [zit. als: Schumacher]
Wyss, Monika: *Brecht in der Kritik. Rezensionen aller Brecht-Uraufführungen sowie ausgewählter deutsch- und fremdsprachiger Premieren*, München 1977. [zit. als: Wyss]

Wort- und Sacherläuterungen

8.4 **großen Stil**: Der große Stil zeigt sich im Stück durch die nahezu durchgängige Verwendung des Blankverses, des charakteristischen Verses der großen Tragödien der Elisabethanischen Zeit und der deutschen Klassik.

8.6 **elisabethanische Historientheater**: Ausgehend von einem hist. – meist alten Chroniken entnommenen – Stoff, behandeln die Elisabethanischen »history plays« gewöhnlich den *Aufstieg* und Fall hoch stehender hist. Persönlichkeiten. Seit Marlowe gilt der Blankvers als das typische Metrum dieser Werke. Mit den Königsdramen *Richard III.* und *Macbeth* sowie dem Drama *Julius Caesar* zitiert Brecht im *Arturo Ui* drei der bekannten Geschichtsdramen Shakespeares.

8.13 **Travestie**: Literarische Verfahrensweise, bei der durch Beibehalten eines Inhaltes und dessen Versetzung in einen unpassenden Kontext eine Diskrepanz zwischen Inhalt und Form entsteht, die eine satirische Wirkung hervorbringt.

8.16–17 **Jahrmarktshistorien**: Brecht spielt hier auf die Moritaten der Bänkelsänger an, die auf Jahrmärkten spektakuläre Mord- und Verbrechensgeschichten zu Gehör brachten. Im Prolog (GBA 7, S. 9) und Epilog (GBA 7, S. 112) nimmt er den Gestus dieser Darbietungen auf und gibt damit dem Stück eine weitere Deutungsebene: die einer »historischen Gangsterschau« (GBA 7, S. 9,6), in der die Verbrecher der Geschichte dem Publikum »vorgeführt werden« und ihre Erhabenheit verlieren. Lindner weist außerdem darauf hin, dass der Prolog durch das Zitieren des Bänkelsangs auf der einen und moderner Schlagzeilen auf der anderen Seite die Sensationsberichte der alten Zeit und der Moderne miteinander in Verbindung bringt (Lindner, S. 42).

17.2–6 **DIE WELTKRISE SUCHTE [...] LANGE OHNE ERFOLG**: Nach einem unkontrollierten Börsenboom in den 1920er-Jahren kommt es am 24. 10. 1929 zu einem Kurssturz an der New Yorker Börse, der Bankenpleiten und den Zusammenbruch des Kreditsystems zur Folge hat. Firmenpleiten und die aus ihnen entstehende Arbeitslosigkeit führen zu einem Sinken der Kaufkraft, was wiederum notwendige Investitionen zur Belebung der Wirtschaft verhindert und die Preise weiter fallen lässt. Ausgehend von New York breitet sich die »große Depression« auch in Europa aus. Deutschland ist besonders stark betroffen, da es einerseits schon durch den 1. Weltkrieg wirtschaftlich geschwächt ist und hohe Reparationszahlungen an die Siegermächte leisten muss und andererseits unter mehr als 6 Mio. Arbeitslosen leidet. Die preußischen Junker, ostelbische Großgrundbesitzer, profitieren – letztendlich unrechtmäßig – am meisten von dem per Notverordnung erlassenen »Gesetz über Hilfsmaßnahmen für die notleidenden Gebiete des Ostens« (31.3.1931), das gering verdienende Landwirte unterstützen sollte.

UM DEN REICHSPRÄSIDENTEN [...] GUTSBESITZ ZUM EHRENGESCHENK: Die preußischen Junker und Industriellen schenken 1927 Reichspräsident Hindenburg, der ebenfalls aus einer Junkerfamilie stammt, das einstmals enteignete ostelbische Familiengut Neudeck zum 80. Geburtstag. Sie wollen ihn im Gegenzug zu einer ihren Interessen freundlichen Haltung und zur Einflussnahme auf die Ostpolitik des Kabinetts Brüning verpflichten.   24.32–34

's geht nur von oben: Anspielung auf Hitlers Gedanken einer »legalen« Revolution, die sich auf ihrem (skrupellosen) Weg zur Macht streng an die bestehenden Gesetze hält, um nicht angreifbar zu sein.   27.2

Capua: Im Zweiten Punischen Krieg erobern röm. Truppen 211 v. Chr. die von den Karthagern für sicher gehaltene Stadt Capua.   27.24

Capone: (1899–1947) Berüchtigter amerik. Bandenchef, der in den 1920er-Jahren zum Boss des Gangstersyndikats von Chicago aufstieg.   28.19

Kurzbein Givolas: Brecht spielt hier auf die Gehbehinderungen des amerik. Gangsters Dion O'Banion und Joseph Goebbels, der beiden Vorbilder der Figur des Givola, an.   28.25

Dem Gangster flicht die Nachwelt keine Kränze!: Vgl. Friedrich Schiller *Wallensteins Lager* (1798) – Prolog: »Dem Mimen flicht die Nachwelt keine Kränze«. Brecht überträgt das Zitat, das ursprünglich auf die Vergänglichkeit der Schauspielkunst zielt, auf das Gangstermilieu und stellt über diesen Kontext indirekt   28.35

einen Bezug zwischen den Konflikten des Dreißigjährigen Krieges, des Gangstermilieus der USA und des Nationalsozialismus in Deutschland her.

29.1–2 **Die wankelmütige Menge [...] Zu neuen Helden:** Vgl. Friedrich Schiller *Maria Stuart* (1800) – IV,11: Worte Elisabeths zu Wilhelm Davison, als dieser ihr die Nachricht bringt, Talbot, der Graf von Shrewsbury, habe die tobende Menge beruhigt und werde von ihr als Retter Elisabeths verehrt.

33.8–13 **IM HERBST** 1932 [...] **HINDENBURG ZU SPRECHEN:** Aus den ersten Reichstagswahlen im Juli 1932 geht die NSDAP als stärkste Fraktion hervor. Zwar empfängt Reichspräsident Hindenburg Hitler daraufhin und bietet der NSDAP auch eine Regierungsbeteiligung an, lehnt eine Präsidialregierung unter deren Führung jedoch ab. General Schleichers Plan, Hitler an einer Regierung zu beteiligen, um die NSDAP unter Kontrolle zu halten, scheitert. Nachdem die NSDAP Reichskanzler von Papen die Unterstützung verweigert hatte, löst dieser den Reichstag auf, um einem Misstrauensvotum zuvorzukommen. Bei den nun folgenden Reichstagswahlen im November 1932 verliert die NSDAP an Stimmen, da sich die Wähler aufgrund einer Verbesserung der Wirtschaftslage und aufgrund des Misstrauens gegen die antidemokratische Einstellung der NSDAP wieder vermehrt den bürgerlichen Parteien zuwenden. Allerdings scheitert der Plan eines autoritären »Neuen Staates« der Regierung von Papen, der eine Ausschaltung des Reichstags vorsah, ebenfalls. Von Papen tritt zurück. Daraufhin ernennt Reichspräsident Hindenburg General von Schleicher zum neuen Reichskanzler. Dieser unternimmt den Versuch, die NSDAP mit Hilfe von deren linkem Flügel um Gregor Strasser zu spalten, scheitert damit jedoch ebenso wie in seinen Verhandlungen mit sozialpolitischen und gewerkschaftlichen Teilen aller Parteien. Außerdem leidet die Partei unter Geldmangel, was die Stimmung zusätzlich verschlechtert.

41.10 *Er weint.*: Anspielung auf Hitlers stark emotionalisierendes Auftreten.

41.17 **Ich bin jetzt [...] immer noch nichts!**: Anspielung auf Hitlers Rede vom 7.9.1932 in München, bei der er sein Alter von 43 Jahren gegen das hohe Alter Hindenburgs (85) auszuspielen versucht.

IM JANUAR 1933 [...] ANGEGEBENEN ZWECKEN ZUGE-   44.18–25
FÜHRT: Bei den Reichstagswahlen am 31.7.1932 vereinigt die
NSDAP 37,2% der Wählerstimmen auf sich und wird damit zur
stärksten Fraktion im Reichstag. Da Reichspräsident Hindenburg Hitler jedoch nicht für standesgemäß hält, geht er auf dessen Forderung nach dem Posten des Reichskanzlers nicht ein.
Nach der Auflösung des Reichstags durch Reichskanzler von
Papen und Neuwahlen am 6.11.1932, bei denen die NSDAP
zwar Stimmenverluste hinnehmen muss, jedoch weiter die
stärkste Fraktion bildet, fordert Hitler wieder den Posten des
Reichskanzlers für sich. Hindenburg widersetzt sich erneut. Da
er jedoch bei der Schenkung des Guts Neudeck beziehungsweise
bei dessen Weitergabe an seinen Sohn weder Schenkungs- noch
Erbschaftssteuer abgeführt hat und außerdem für die Restaurie-
rung des Guts Staatsgelder der Osthilfe veruntreut hat, muss er
Enthüllungen im so genannten Osthilfeskandal befürchten und
wird erpressbar.

Er ist der, der er ist, ja?: Vgl. 2. Mose, 3,14: Das Zitat ist der   47.25
bibl. Geschichte um Moses' Berufung entnommen: Gott ant-
wortet Moses auf die Frage, wer der sei, der ihm den Auftrag zur
Befreiung seines Volks aus Ägypten gab, mit den Worten: »Ich
werde sein, der ich sein werde.« (*Bibel* in der Übersetzung Martin Luthers). In anderen Übersetzungen sind auch die Worte:
»Ich bin, der ich bin« zu finden. – In Brechts Stück können diese
Worte sowohl auf die ungeklärte Herkunft Uis als auch auf dessen Einforderung bedingungslosen Gehorsams bezogen werden.

**ALS DER REICHSKANZLER [...] UNTERSUCHUNG WUR-   54.29–34
DE NIEDERGESCHLAGEN:** Brecht bezieht sich hierbei auf
eine Aussage des *Braunbuchs* und Ludwigs Hindenburg-Biografie, die eine Erpressung des Reichskanzlers durch General
von Schleicher annehmen. Diese Tatsachen wurden jedoch in der
neueren Geschichtsforschung widerlegt (vgl. Lindner, S. 56).
Der folgende hist. Kontext gilt jedoch als gesichert: Im Januar
1933 untersucht ein parlamentarischer Ausschuss Hindenburgs
Rolle im Osthilfeskandal. Hindenburg muss Enthüllungen
fürchten und hofft auf das Versprechen Hitlers, bei Erhalt des
Reichskanzlerpostens die Untersuchung niederzuschlagen. Da

Reichspräsident Hindenburg weder der Erklärung des Not-
stands noch der Auflösung des Reichstags sowie dem vorläufi-
gen Verzicht auf Neuwahlen zustimmen will, tritt am 28. 1. 1933
die Regierung Schleicher zurück. Am 30. 1. kommt es zur Ver-
eidigung der Präsidialregierung Hitler. Zwar gehören dieser Regierung der »Nationalen Konzentration« mit Hitler und Göring
nur zwei Mitglieder der NSDAP an, doch übernehmen diese mit
den Ämtern des Reichskanzlers (Hitler) und des Innenministers
(Göring) die wichtigsten Posten und bestimmen fortan die Politik der Regierung. Die Akten des Osthilfeskandals werden
nicht weiter bearbeitet.

55.2 *Mamouthhotel*: Sowohl Al Capone als auch Hitler hielten sich
häufig in Hotels auf. Der Name des Hotels ist von den engl.
Substantiven *mammoth*: »Mammut« und *mouth*: »Mund« sowie dem Adjektiv *mammouth*: »riesig« abgeleitet.

56.8–12 **wenn Sie Ibsen [...] Ich mache Kunst**: Der norwegische Autor
Henrik Ibsen (1828–1906), einer der bedeutendsten Verfasser
gesellschaftskritischer Dramen, gilt als Vorkämpfer des literarischen Naturalismus, der sich Ende des 19. Jh.s in Europa verbreitet hat. Brecht spielt hier auf die Auseinandersetzungen zwischen Vertretern der klassischen Theatertradition und Anhängern des modernen, naturalistischen Theaters und ihrer kon-
trären Spielweise zu Beginn des 20. Jh.s an.

60.21–22 **Dem Ochsen, der [...] nicht das Maul**: Vgl. 5. Mose 25,4: »Du
sollst dem Ochsen, der da drischt, nicht das Maul verbinden.«
Das biblische Zitat erscheint im Zusammenhang der Verkün-
digung der göttlichen Gesetze durch Mose und findet sich im
Kapitel *Weitere Schutzbestimmungen*, das Regeln zur angemes-
senen Bestrafung von Vergehen gibt.

60.29 **Antonius-Rede**: Vgl. William Shakespeare *Julius Caesar*, III, 2:
Nachdem Brutus als einer der Mörder Caesars die Tat als legi-
timen Tyrannenmord gerechtfertigt hat, greift Mark Anton in
einer Trauerrede Brutus' Argumente auf, wendet sie aber in voll-
endeter Redekunst gegen diesen und wiegelt damit das Volk gegen Caesars Mörder auf. Somit stellt Shakespeares *Antonius-
Rede* ein idealtypisches Beispiel der Manipulation der Massen
durch ausgefeilte Rhetorik dar. Brecht zitiert Teile der Rede ausgehend von der Übersetzung August Wilhelm Schlegels, ver-
schärft und modernisiert jedoch ihren Wortlaut.

DEM VERLAUTEN NACH [...] DEM PROVINZSCHAUSPIE- 62.7–9
LER BASIL: Brecht beruft sich hier auf die Behauptung von
Oldens Hitler-Biografie, Hitler habe Unterricht »bei einem Hofschauspieler und Regisseur, dem Possart-Schüler Basil« genommen (Olden, S. 88), mit dem vermutlich der Münchner Hofschauspieler Fritz Basil gemeint ist. In neueren Quellen werden
auch Kontakte Hitlers zum Opernsänger Paul Devrient bestä-
tigt: Wie aus dem 1975 erschienenen Tagebuch des Tenors ersichtlich ist, begleitete dieser Hitler 1932 auf dessen Wahl-
kampfreisen und gab ihm Unterricht in Stimmbildung sowie
massen- und medienwirksamem Auftreten (vgl. Lindner,
S. 58).

Er faßt Dogsboroughs [...] und schüttelt sie: Anspielung auf 65.35–36
den »Tag von Potsdam« am 21. 3. 1933: Bei der Eröffnung des
neu gewählten Reichstags in der Garnisonskirche von Potsdam,
der letzten Ruhestätte Friedrichs des Großen, soll der Hände-
druck zwischen Hitler und Hindenburg die Versöhnung zwischen dem preußischen Staat Hindenburgs und dem neuen nationalsozialistischen Staat Hitlers symbolisieren und wird als
erster groß inszenierter Propaganda-Auftritt Hitlers gewertet.

eine geschminkte, auffällig gekleidete Person: Die äußere Be- 67.27–28
schreibung der Figur weist darauf hin, dass es sich bei ihr um
eine Prostituierte handelt.

Ui reicht Dockdaisy [...] unter das Kinn: Brecht spielt hier auf 68.17–18
Hitlers demonstratives Auftreten mit Kindern und Frauen an,
durch das er sich viele Sympathien sicherte

schmalziges Lied: Anspielung auf die Heimatlieder der Zeit des 68.35–36
Nationalsozialismus.

IM FEBRUAR 1933 [...] DER LANGEN MESSER: Am Abend 70.20–23
des 27. 2. 1933 brennt der Berliner Reichstag. Noch am selben
Tag wird der 24-jährige arbeitslose Holländer Marinus van der
Lubbe als Brandstifter festgenommen. Da er radikalen linken
Kreisen nahe steht, bezeichnet der »amtliche Preußische Pres-
sedienst« die Brandstiftung als »Terrorakt des Bolschewismus«.
Ob das Verbrechen – wie Brechts hist. Quelle, das *Braunbuch –
Über Reichstagsbrand und Hitler-Terror* von 1935 behauptet –
von den Nationalsozialisten selbst begangen und den Kommu-
nisten unterstellt wurde, um gegen diese vorgehen zu können,

oder ob man die von einem oder mehreren Tätern begangene Brandstiftung lediglich für Propagandazwecke nutzte, ist bis heute nicht zweifelsfrei geklärt. Der Reichstagsbrand hat zur Folge, dass die Regierung massiv gegen linke Parteien vorgeht, es zu einer großen Anzahl von Festnahmen unter ihren Anhängern, unter Pazifisten und Schriftstellern kommt, ein Versammlungsverbot verhängt wird und die SA auf der Straße offen Terror ausübt.

73.2–3 *Chopins Trauermarschtrio als Tanzmusik*: Anspielung auf Chopins Marche funèbre aus der Klaviersonate Nr. 2 b-Moll op. 35, der häufig bei Trauerfeiern gespielt wird.

73.33 **Gang**: Das Berliner Reichstagsgebäude war durch einen unterirdischen Gang mit der Dienstwohnung des Reichspräsidenten verbunden.

79.1 **Man schreit hier [...] Hände hoch!**: Brecht spielt hier einerseits auf den so genannten »Hitler-Gruß« an und drückt andererseits auch die Bedrohung der unabhängigen Justiz durch den Nationalsozialismus aus.

80.8–11 **IN EINEM GROSSEN [...] GINGEN FREI AUS**: Am 21.9.1933 wird der mutmaßliche Brandstifter van der Lubbe vor dem *Untersuchungsausschuß zur Aufklärung des Reichstagsbrandes* vernommen. Er zeigt deutliche Spuren von Folter beziehungsweise Medikamentenmissbrauch, wirkt apathisch, kann sich nur unverständlich äußern und scheint die an ihn gestellten Fragen nicht zu verstehen. Trotz fehlender Zurechnungsfähigkeit wird er vom Gericht zum Tode verurteilt. Neben van der Lubbe sind auch der Vorsitzende der KPD-Reichstagsfraktion Torgler sowie der Generalsekretär der Kommunistischen Internationalen Georgi Dimitroff angeklagt. Letzteren zitiert Brecht in der Figur des Verteidigers, der anders als der reale Verteidiger, der nicht seinen Mandanten vertritt, in einem Rededuell Hermann Göring direkt angreift und ihn der Lüge bezichtigt. Das jähzornige Verhalten Giris spielt auf Görings Wutausbruch während des Verhörs an.

87.34 **Euch fehlt der Glaube!**: Vgl. Johann Wolfgang von Goethes *Faust. Erster Teil. – Nacht*: Als Faust den Osterchor der Engel die Auferstehung Christi preisen hört, spricht er die Worte: »Die Botschaft hör' ich wohl, allein mir fehlt der Glaube«, und äußert damit seinen rationalen Zweifel an der Religion. Brecht spielt hiermit auf die irrationale und Emotionen schürende Redeweise Hitlers an, und verweist gleichzeitig auf dessen »pseudoreligiöse Selbstinszenierung« (GBA 7, S. 385).

's wird wieder was gewagt: Anspielung auf die Durchhalteparolen der Nationalsozialisten. 93.35

Betty Dullfeet: Betty Dullfeets inkonsequente Haltung verweist auf die schwankende Haltung des österr. Kanzlers Schuschnigg gegenüber Deutschland (1934–1938). 94.19

Ich kenne meine Pflicht: Anspielung auf die Überbewertung von Pflicht und Ehre im Nationalsozialismus. 96.32

DER BEVORSTEHENDE TOD [...] DIE BESETZUNG ÖS-TERREICHS: Kurz vor seinem Tod verfasst Reichspräsident Hindenburg ein Testament über die Regelung seiner Nachfolge. In einem ergänzenden Brief an Hitler lehnt er eine Vereinigung der Ämter des Reichspräsidenten und Reichskanzlers in dessen Person ab. Bereits bei der Veröffentlichung des Testaments kommt es zu Unstimmigkeiten, der ergänzende Brief Hindenburgs an Hitler wird nicht veröffentlicht. Vielmehr soll in einer Volksabstimmung, die von Oskar Hindenburg, dem Sohn des Reichspräsidenten, unterstützt wird, die Übernahme des Reichspräsidentenamtes durch Hitler legalisiert werden, was auch geschieht. Der Ausbruch von Machtkämpfen in den rechten Kreisen der Gesellschaft ist auf die Gegnerschaft zwischen der alten Rechten um Hindenburg, der Vertreter der Großindustrie und der ostelbischen Junker ebenso angehören wie große Teile der Reichswehr, und der neuen Rechten um Hitler zurückzuführen. Letztere wollen der ersten, so genannten »legalen«, Revolution eine »zweite Revolution« folgen lassen, die zur Entmachtung der alten Eliten führen soll. Dieser Gruppe waren maßgeblich die Mitglieder der SA zuzurechnen, die auch Kritiker aus den eigenen Reihen wie Ernst Röhm ausschalten wollten. 96.34–97.4

IN DER NACHT [...] GÖRING ZU STARTEN: Nach dem Austritt Deutschlands aus dem Völkerbund 1933 sorgt die Frage, wer das neue Aufrüstungsprogramm leiten soll, zwischen Reichswehr und SA zu Spannungen. Hitler verhält sich in dieser Frage indifferent, da er einerseits die Unterstützung der Reichswehr und der ihr verbundenen Kreise aus Hochfinanz, Großin- 102.11–14 dustrie und Großlandwirtschaft, die ihm den Weg an die Macht geebnet haben, nicht verlieren möchte, andererseits aber auch auf die Massenwirksamkeit der SA angewiesen ist. Während die SA die Reichswehr als Hindernis für die totale Ausübung der Macht durch die Nationalsozialisten sieht, trachtet diese danach, die SA auszuschalten. Nachdem durch die von Ernst Röhm erreichte »Gruß-Verordnung« die SA-Ränge den Rängen der Reichswehr gleichgestellt worden sind, trachtet die Reichswehr nach der Absetzung Ernst Röhms. Bei seiner Rede im Reichswehrministerium am 2. 2. 1934 sichert Hitler der Reichswehr neben einem Wehretat von 35 Milliarden Reichsmark auch den Abbau der SA und die Bewahrung der Souveränität der Reichswehr als alleinigem Waffenträger des Staates zu. Ernst Röhm, Hitlers einziger Duzfreund und einstiger Förderer, wird misstrauisch und fordert von Hitler eine Unterredung, die dieser abschlägt. Daraufhin dringt Röhm in Hitlers Büro in der Reichskanzlei ein und fordert in einem heftigen Streit von Hitler die schriftliche Bestätigung, welche die unveränderte Beibehaltung der SA vorsieht, was Hitler jedoch ablehnt. Am 30. 6. 1934 geht die Regierung Hitler auf Drängen der Reichswehrführung gewaltsam gegen einen von ihr selbst inszenierten Putschversuch der SA unter Ernst Röhm vor. Dabei kommt es in Bad Wiessee und Berlin zu zahlreichen Verhaftungen und Erschießungen ohne Gerichtsverfahren, denen u. a. auch Ernst Röhm, General von Schleicher und Gregor Strasser zum Opfer fallen.

102.16 **Blumenladen**: Der Ort spielt auf die *Gartenszene* aus Goethes *Faust I* an, die hier parodiert wird.

102.17 **ein Mann, nicht größer als ein Knabe**: Anspielung auf die geringe Körpergröße des österr. Kanzlers Engelbert Dollfuß.

107.8–109.31 **Dies, teurer Dullfeet [...] welche schnell begreifen**: Vgl. Johann Wolfgang von Goethe, *Faust. Erster Teil, Marthens Garten* – Brecht zitiert Ort und Figurenkonstellation der Goethe'schen Szene und übernimmt auch deren metrischen Aufbau, indem er hier statt des Blankverses den Knittelvers verwendet.

108.5 **Sie leben so spartanisch**: Hitler stellte sich öffentlich gern als Asket dar, der Tabak und Alkohol verachtet.

108.19 **Herr Ui, wie halten Sie's mit der Religion?**: Vgl. Johann Wolfgang von Goethe, *Faust. Erster Teil, Marthens Garten* – Mit dem

Zitieren der so genannten »Gretchenfrage« erkundigt sich Betty Dullfeet nach der religiösen (und moralischen) Überzeugung Uis, der sich mit der Aussage, er sei Christ, dieser Frage entzieht.

Wir sprechen durch die Blume: Wortspiel, »etwas durch die Blume sagen«: in Andeutungen sprechen. Brecht nimmt das Zitat in Bezug auf den Spielort wörtlich. 109.14

UNTER HITLERS ZWANG [...] SCHWEIGEN ZU BRINGEN: Auch in Österreich schwelt ein Konflikt innerhalb der rechten Kreise: Anders als Ignatius Dullfeet im Stück ist der österr. Kanzler Engelbert Dollfuß keineswegs ein Gegner des Faschismus. Er lehnt als Kanzler eines autoritären konservativen Staates lediglich eine Zusammenarbeit mit den deutschen Nationalsozialisten ab. Auf sein Verbot der österr. Nationalsozialisten reagieren diese u. a. mit massiven Rundfunkangriffen auf die österr. Regierung (vgl. Lindner, S. 71), die wiederum Gegenangriffe der regierungstreuen österr. Presse auf österr. und deutsche Nationalsozialisten zur Folge haben. 110.18–21

Frau Dullfeet, meine [...] *läuft schaudernd weg*: Vgl. William Shakespeare, *König Richard III.*, I,2 und IV,4. Brecht zitiert die beiden Werbungsszenen des Shakespeare-Stücks: Szene I,2 zeigt Gloster (den späteren König Richard III.), der während des Leichenzugs für den von ihm ermordeten König Heinrich VI. mit Schmeichelei erfolgreich um dessen Schwiegertochter Anne wirbt, deren Ehemann er ebenfalls ermordet hat. In Szene IV,4 wirbt Richard III. bei Königin Elisabeth, deren Mann Eduard IV. und Söhne er ermordet hat, um die Hand ihrer Tochter, indem er ihr als Mutter eines künftigen Königsgeschlechts schmeichelt und dem Land durch die Verbindung eine lange Friedenszeit in Aussicht stellt. Richard III. gilt als Inbegriff des tyrannischen Herrschers, der menschenverachtend und mit äußerstem Machtstreben seine Pläne verwirklicht, wobei er weder vor Heuchelei, Meineid, Verrat und Mord zurückschreckt. Hist. zieht Brecht mit dieser Szene eine Parallele zu Hitlers Bemühungen um den österr. Bundeskanzler Schuschnigg. 113.13–118.12

DER BESETZUNG ÖSTERREICHS [...] RECHTSKREISEN ÖSTERREICHS FORT: Wie Hitler war auch Engelbert Dollfuß zunächst legal an die Macht gekommen (1932), im März 118.14–18

1933 jedoch kommt es in Österreich zur Errichtung eines autoritären Regimes. Dollfuß, als dessen Kanzler, hebt die Verfassung auf. Sowohl die Sozialdemokratische als auch die Nationalsozialistische Partei wird verboten. Nur die »Vaterländische Front« ist noch zugelassen. Am 25.7.1934 wird Dollfuß bei einem Putsch der Nationalsozialisten ermordet.

118.20–120.2 **Schlafzimmer des Ui [...] blieb, ist kugelsicher**: Brecht zitiert drei Geister-Szenen aus Stücken Shakespeares: *Richard III.*, V,3: Im Feld bei Bosworth erscheinen Richard in der Nacht vor der Schlacht die Geister derer, die er tötete, und sagen ihm den Tod auf dem Schlachtfeld voraus. *Julius Caesar*, IV,3: Vor der Schlacht bei Philippi erscheint Brutus der Geist des ermordeten Caesar. *Macbeth*, III,4: Beim großen Festbankett erscheint Macbeth der Geist Banquos, den er zuvor ermorden ließ.

120.21–22 **Ich Wasch meine Händ in Unschuld!**: In den Psalmen (Psalmen 26,6) grenzt sich David mit diesen Worten gegen die Gottlosen ab. Mit denselben Worten weist jedoch auch Pilatus, als die Menge die Kreuzigung Jesu fordert, jede Verantwortung von sich (Matthäus 27,24).

124.29–30 **Wer da nicht [...] Ist gegen mich**: Vgl. Matthäus 12,30: »Wer nicht mit mir ist, der ist gegen mich.« – Anspielung auf den Personenkult um Hitler.

126.29–32 **DER WEG DER [...] RUMÄNIEN, BULGARIEN, GRIECHENLAND**: Im Münchner Abkommen wurde am 29.9.1938 die Abtretung des Sudetenlandes an Deutschland beschlossen; es folgten unter der Bezeichnung »Erledigung der Rest-Tschechei« am 15./16.3.1939 der Einmarsch deutscher Truppen in die Tschechoslowakei und die Errichtung des »Reichsprotektorats Böhmen und Mähren«. Es folgen die Namen von Ländern, die von den Hitlerarmeen bis 1941 überfallen und besetzt werden.

127.4–7 **So was hätt [...] dem das kroch!**: Brecht übernimmt – in leicht veränderter Form – diese Verse in das abschließende Fotoepigramm seiner *Kriegsfibel* (vgl. GBA 12, S. 266 f.):

»Das da hätt einmal fast die Welt regiert.
Die Völker wurden seiner Herr. Jedoch
Ich wollte, daß ihr nicht schon triumphiert:
Der Schoß ist fruchtbar noch, aus dem das kroch.«

Bertolt Brecht
in der Suhrkamp BasisBibliothek

Leben des Galilei
Kommentar: Dieter Wöhrle
SBB 1. 191 Seiten

»Das hier annotierte gelungene Bändchen ist praktikabel, ohne in eine deutschdidaktische Reduktion zu verfallen. … Das Konzept eines sehr brauchbaren Zurechtfinde-Buches liegt mit der Reihe Suhrkamp BasisBibliothek vor. Sie ist fürs Gymnasium, für die freie Theaterarbeit und Dramaturgie sowie fürs Studium empfehlenswert, da man die Lehrenden und Lernenden ernst nimmt.«
Dreigroschenheft

»Der Klassiker gehört in jeden gut sortierten Bücherschrank. … Der Kommentar ist hilfreich, vor allem für Schüler und Studenten, die sich auf eine Arbeit zum Thema vorbereiten. Man findet eine Zeittabelle zum historischen Galilei, eine Zeittabelle zu Brechts Schaffen an diesem Schauspiel, eine knappe Theatergeschichte und eine Interpretation des Stücks. Hilfreich sind die Literaturhinweise und die Sacherläuterungen am Ende des Buches.« *History*

NF 336/1/1.02

Suhrkamp BasisBibliothek
Text und Kommentar in einem Band

»Die Suhrkamp BasisBibliothek hat sich längst einen Namen gemacht. Als ›Arbeitstexte für Schule und Studium‹ präsentiert der Suhrkamp Verlag diese Zusammenarbeit mit dem Schulbuchverlag Cornelsen. Doch nicht nur prüfungsgepeinigte Proseminaristen treibt es in die Arme der vielschichtig angelegten Didaktik, mit der diese unprätentiösen Bändchen aufwarten. Auch Lehrer und Liebhaber vertrauen sich gerne den jeweiligen Kommentatoren an, zumal die Bände mit erschöpfenden Hintergrundinformationen, Zeittafeln, Entstehungsgeschichten, Rezeptionsgeschichten, Erklärungsmodellen, Interpretationsskizzen, Wort- und Sacherläuterungen und Literaturhinweisen gespickt sind.«
Frankfurter Allgemeine Zeitung

Ingeborg Bachmann. Malina. Kommentar: Monika Albrecht und Dirk Göttsche. SBB 56. 420 Seiten

Jurek Becker. Jakob der Lügner. Kommentar: Thomas Kraft. SBB 15. 351 Seiten

Thomas Bernhard. Erzählungen. Kommentar: Hans Höller. SBB 23. 171 Seiten

Bertolt Brecht. Der Aufstieg des Arturo Ui. Kommentar: Annabelle Köhler. SBB 55. 190 Seiten

Bertolt Brecht. Die Dreigroschenoper. Kommentar: Joachim Lucchesi. SBB 48. 180 Seiten

Bertolt Brecht. Der gute Mensch von Sezuan. Kommentar: Wolfgang Jeske. SBB 25. 214 Seiten

NF 279/1/5.04

Bertolt Brecht. Der kaukasische Kreidekreis. Kommentar: Ana Kugli. SBB 42. 189 Seiten

Bertolt Brecht. Leben des Galilei. Kommentar: Dieter Wöhrle. SBB 1. 191 Seiten

Bertolt Brecht. Mutter Courage und ihre Kinder. Kommentar: Wolfgang Jeske. SBB 11. 185 Seiten

Georg Büchner. Lenz. Kommentar: Burghard Dedner. SBB 4. 155 Seiten

Adelbert von Chamisso. Peter Schlemihls wundersame Geschichte. Kommentar: Thomas Betz und Lutz Hagestedt. SBB 37. 178 Seiten

Annette von Droste-Hülshoff. Die Judenbuche. Kommentar: Christian Begemann. SBB 14. 136 Seiten

Max Frisch. Andorra. Kommentar: Peter Michalzik. SBB 8. 166 Seiten

Max Frisch. Biedermann und die Brandstifter. Kommentar: Heribert Kuhn. SBB 24. 142 Seiten

Max Frisch. Homo faber. Kommentar: Walter Schmitz. SBB 3. 301 Seiten

Theodor Fontane. Effi Briest. Kommentar: Dieter Wöhrle. SBB 47. 414 Seiten

Johann Wolfgang Goethe. Götz von Berlichingen. Kommentar: Wilhelm Große. SBB 27. 243 Seiten

NF 279/5/5.04

LiteraMedia von Suhrkamp und Cornelsen
Literatur rundum erleben

LiteraMedia ist das ideale Arbeitsmittel für literarisch Interessierte, Lehrer, Schüler und Studenten. In dieser Reihe erscheinen bedeutende Werke der Weltliteratur jeweils in drei Medien: als Buchausgabe in der Suhrkamp BasisBibliothek, als Audio Book und als CD-ROM im Cornelsen Verlag.

»Hörbücher und CD-ROMs, wie es sie noch nicht gegeben hat. Hier kann auch noch der Lehrer etwas lernen. Denn zu all den Titeln der Suhrkamp BasisBibliothek gibt es jetzt Hörkassetten – nicht ›nur‹ Lesungen der alt-neuen Texte mit besten Darstellern, sondern auch Stimmen von Autoren. Die zweite Kassette jeder Edition bringt in einem 90-Minuten-Feature Informationen zu Leben, Werk und Wirkungsgeschichte des Autors. Hier profitiert nicht nur der Schüler, der für eine Prüfung büffeln muß, sondern auch der interessierte Leser, der sich nicht in jedem Fall Biographie oder Sekundärliteratur eines Autors beschaffen kann oder will. Ganz neu in dieser Nische der Literatur sind die multimedialen CD-ROMs: Jetzt wird Literatur zur Show, etwa durch Originalaufnahmen bedeutender Theateraufführungen – inklusive Entstehungsgeschichte des Werks, Erklärungen und Interpretation. Ein tolles Angebot.« *Die Zeit*

NF 338/1/1.02